# MERIAN *momente*

# ISLAND

CHRISTIAN NOWAK

## Zeichenerklärung

 barrierefreie Unterkünfte
 familienfreundlich
 Der ideale Zeitpunkt
 Neu entdeckt
◎ Ziele in der Umgebung
 Faltkarte

## Preisklassen

Preise für ein Doppelzimmer mit Frühstück:

€€€€ ab 35 000 ISK   €€€ ab 25 000 ISK
  €€ ab 15 000 ISK    € bis 15 000 ISK

Preise für ein Hauptgericht:

€€€€   ab 6000 ISK   €€€  ab 4500 ISK
  €€   ab 3000 ISK     €  bis 3000 ISK

## ISLAND ENTDECKEN 4

Mein Island .................................................. 6
MERIAN TopTen ............................................ 10
MERIAN Momente .......................................... 12
Neu entdeckt .............................................. 16

## ISLAND ERLEBEN 20

Übernachten .............................................. 22
Essen und Trinken ......................................... 26
Grüner reisen ............................................. 30
Einkaufen ................................................. 34
Sport und Aktivitäten ..................................... 38
Feste feiern .............................................. 44
Mit allen Sinnen .......................................... 48

# ISLAND ERKUNDEN 52

Reykjavík und Umgebung .............. 54

Im Fokus – Literatur: die Insel
der Schriftsteller ........................... 72

Westisland und Westfjorde ........... 76

Nordisland und Akureyri .............. 86

Ostisland ................................... 98

Im Fokus – Architektur: vom
Wikingerhof zur Harpa ............... 104

Südisland .................................. 108

Hochland .................................. 116

# TOUREN DURCH ISLAND 122

Auf dem Golden Circle ................................................................ 124

Zum magischen Berg ................................................................... 126

Vulkanische Phänomene .............................................................. 128

# ISLAND ERFASSEN 130

Auf einen Blick ............................................................................ 132

Im Fokus – Vom Kabeljaukrieg zum Walfangverbot ..................... 134

Geschichte ................................................................................. 138

Kulinarisches Lexikon .................................................................. 144

Service ....................................................................................... 146

Orts- und Sachregister ................................................................. 154

Impressum .................................................................................. 159

Island gestern & heute ................................................................ 160

# KARTEN UND PLÄNE

Island ........................................................................ Klappe vorne

Reykjavík ................................................................... Klappe hinten

Akureyri ................................................................................... 89

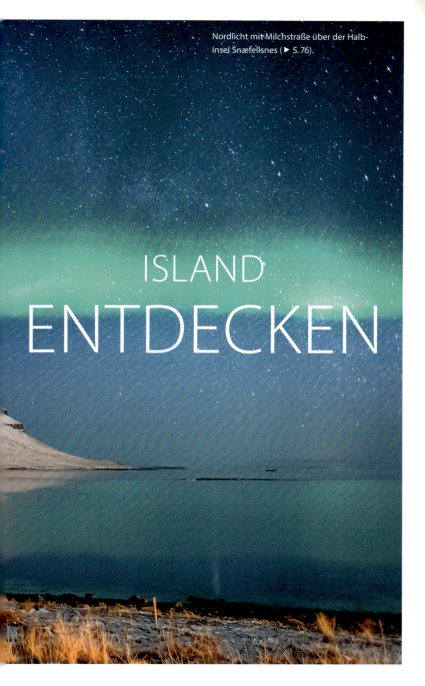

Nordlicht mit Milchstraße über der Halbinsel Snæfellsnes (▶ S. 76).

# ISLAND ENTDECKEN

# MEIN ISLAND

*Geologisch steckt Island noch in den Kinderschuhen und verändert sich deshalb ständig – manchmal sogar höchst dramatisch durch Vulkanausbrüche und Gletscherläufe. Islands herbe Schönheit und extreme Landschaften suchen in Europa ihresgleichen.*

Die größte Vulkaninsel der Welt ist nicht Everybody's Darling! Dafür sind Landschaft und Klima viel zu extrem. Große Teile sind von Wüsten, Lava und Gletschern bedeckt und wirken gleichermaßen faszinierend wie unwirtlich. Insgesamt sind rund zwei Drittel der Insel Ödland, nur auf rund 23 Prozent kann sich meist karge Vegetation halten, landwirtschaftlich nutzbar sind sogar nur zwei Prozent.

Es gibt sie übrigens wirklich: Die Islandtiefs, die nicht nur im Rest Europas für schlechtes Wetter sorgen. Doch alles halb so schlimm, denn die Brutstätte der Islandtiefs kennt auch regenfreie Tage mit strahlendem Sonnenschein. Auch die Nähe zum Polarkreis lässt sich nicht leugnen, denn die Sommer sind ziemlich kühl. Sie möchten im Meer baden? Ver-

◄ Sehr einsam inmitten der rauen Natur lebt
man am Eyjafjörður (► S. 86).

gessen Sie es, selbst die abgehärteten Isländer tun es nicht und lassen es
sich stattdessen lieber im Hot Pot gut gehen. Wenn Sie dagegen im Winter kommen, werden Sie erstaunt sein, wie mild es ist – zumindest in der
Nähe der Küste. Denn der Golfstrom umströmt die Insel mit warmem
Wasser und macht das Klima viel erträglicher als in Sibirien oder Alaska,
die auf vergleichbaren Breitengraden liegen.

Island schmückt sich mit vielen Attributen, durchaus passend erscheint
mir »Insel aus Feuer und Eis«, denn diese so unterschiedlichen Naturgewalten modellieren seit jeher das Landschaftsbild, verpassen ihm Narben, kreieren bizarre Formen und Farben.

Angefangen hat alles vor rund 20 Millionen Jahren, als die Insel durch
vulkanische Aktivitäten an der Grenze zwischen nordamerikanischer
und eurasischer Kontinentalplatte aus den Fluten des Nordatlantiks auftauchte. Auch heute noch driften die beiden Platten jedes Jahr rund zwei
Zentimeter auseinander. Sehr anschaulich ist dies bei Þingvellir in der
wild zerklüfteten Almannagjá-Schlucht aus dunklem Basalt zu sehen.
Durch die Schlucht, die wie eine mehrere Kilometer lange, mit einem
Riesenschwert geschlagene Wunde wirkt, verläuft die Grenze zwischen
den Kontinentalplatten. Auch wenn es nicht überall so augenscheinlich
wie in der Almannagjá-Schlucht ist, zieht sich diese Wunde doch von
Südwesten nach Nordosten durch die gesamte Insel. In unmittelbarer
Nähe dieser Diagonalen sind die Vulkane noch aktiv, hier sind Basalt und
Lava zum Großteil erst nach der letzten Eiszeit aus dem Erdinneren hervorgequollen. Je weiter man sich von dieser Diagonalen entfernt, desto
älter ist die Insel. Die Fjorde im Westen und Osten bestehen zwar auch
aus Basalt, Tuff und Lava, sind also auch vulkanischen Ursprungs, wurden jedoch von den immensen, alles niederwalzenden Gletschern der
letzten Eiszeit ausgehobelt und glatt poliert.

## DIE HAUPTSTADT REYKJAVÍK

Obwohl rund zwei Drittel der Isländer im Großraum Reykjavík leben,
wirkt die Hauptstadt doch eher wie eine Kleinstadt. Doch die nördlichste
Hauptstadt der Welt hat erstaunlich viel zu bieten, zudem gibt sie sich
bunt und quicklebendig. Wie wäre es mit einem verlängerten Wochenende in Reykjavík zum Kennenlernen? Das touristische Zentrum lässt
sich gut zu Fuß erkunden, vom Alten Hafen bis zur Hallgrimskirche, dem

Wahrzeichen der Stadt auf einem Hügel, brauchen Sie nicht einmal eine halbe Stunde und auch das moderne Konzerthaus Harpa, unschwer an seiner glitzernden Glasfassade zu erkennen, ist nicht weit.

Nehmen Sie sich auf jeden Fall Zeit für den Besuch einiger Museen, die Auswahl ist groß. Ganz unterschiedliche Einblicke in die Kulturgeschichte bieten das Nationalmuseum und das Freilichtmuseum, in der Nationalgalerie ist die moderne isländische Kunst zu Hause, auch die beiden bekanntesten Bildhauer – Einar Jónsson und Ásmunder Sveinsson – haben ihr eigenes Museum, ebenso wie der Maler Jóhannes Sveinsson Kjarval sowie der Autor Jón Sveinsson, genannt Nonni.

Jede Menge Shoppingadressen und Cafés warten auf dem Laugavegur und dem Skólavörðustigur. Vor allem Samstagnacht wird Reykjavík seinem Ruf als Partystadt gerecht, denn dann verwandelt sich der Laugavegur in eine Partymeile. Tagsüber ruhige Cafés und Restaurants werden zu fortgeschrittener Stunde trendige Bars mit lauter Musik und am Lækjartorg trifft man sich unter freiem Himmel. In jedem Fall fließt der Alkohol in Strömen – trotz der auch für Isländer happigen Preise. Eine der liebsten Beschäftigungen der Jugend ist das Cruisen mit dem Auto. In endlosen Autoschlangen kurven sie durch die helle Nacht, Sehen und Gesehen werden ist dabei für viele die Devise.

## AUF DEM GOLDEN CIRCLE

Dieser Tagesausflug führt in die weitere Umgebung von Reykjavík und bringt Sie zu einigen der größten Sehenswürdigkeiten der Insel. Geysir und Gullfoss liegen relativ dicht beieinander im Haukaðalur nordöstlich der Hauptstadt. Die alle paar Minuten in die Höhe schießende Wasserfontäne des Geysirs ist immer wieder ein faszinierender Anblick, ebenso wie der über zwei gegeneinander versetzte Fallstufen in die Tiefe stürzende Wasserfall Gullfoss.

Ein weiteres Ziel auf dem Golden Circle, der Þingvellir-Nationalpark, bietet Geologie wie aus dem Lehrbuch, vor allem in der Almannagjá-Schlucht. Doch für die Isländer bedeutet Þingvellir viel mehr, denn hier wurde vor über tausend Jahren die erste Alþingiversammlung abgehalten – die Ähnlichkeit mit einer Parlamentssitzung hatte. Kein Wunder also, dass seitdem hier alle wichtigen Feiertage zelebriert wurden.

Die Blaue Lagune liegt zwar nicht mehr am Golden Circle, aber ein Bad in ihr darf selbst bei einem kurzen Islandbesuch nicht fehlen. Der See mit milchig-trübem, hellblauem Wasser inmitten eines schwarzen Lavafeldes wirkt wie die Kulisse eines Science-Fiction-Films. Bis zum Hals im wohlig-warmen, mineralienreichen Wasser zu dümpeln, zählt zu den unvergesslichen Island-Erlebnissen.

Wer in Reykjavík zu einer Inselrunde startet, hat auf der Ringstraße – selbst ohne Abstecher – mehr als 1300 Kilometer vor sich. Mittlerweile ist diese wichtigste Verkehrsader durchgehend asphaltiert und bietet so eine bequeme Möglichkeit zu einer einmaligen Panoramatour. Die Fahrt gestaltet sich äußerst abwechslungsreich, denn mal führt die Straße direkt am Meer entlang, dann macht sie wieder Schlenker ins Landesinnere.

## RUND UM DIE INSEL

Selbst ohne Abstecher lassen sich so viele der schönsten Sehenswürdigkeiten erleben. Direkt an der Ringstraße liegen die zweitgrößte Stadt Akureyri, der Mývatn sowie mehrere hübsche Orte an den Fjorden im Osten. Besonders spektakulär wird die Fahrt durch den Süden Islands, denn über viele Kilometer führt die Ringstraße am Vatnajökull entlang. Hier wartet mit der Gletscherlagune Jökulsarlón ein weiteres Highlight. Danach fährt man durch die weitläufige, karge und oft von Sandstürmen gebeutelte Schwemmlandebene Skeiðarársandur, überquert den erstarrten Lavastrom Eldhraun und kommt dann den Gletschern Mýrdalsjökull und Eyjafjallajökull sehr nahe.

## INS SCHROFFE HOCHLAND

Fast menschenleer und oftmals lebensfeindlich zeigt sich das Hochland. Es ist fast unzugänglich und will erobert werden. Ein Allradfahrzeug sollte es schon sein, oder die hochbeinigen Linienbusse. Nur im Sommer sind Abstecher in diese faszinierende Region möglich, die zumindest in Europa ihresgleichen sucht. Wer in diese grandiose Wildnis vordringt, erlebt reißende Flüsse, trostlose Wüsten, schroffe Gipfel, farbige Rhyolithberge, heiße Quellen, spektakuläre Vulkane und tiefe Schluchten in einer Intensität und Schönheit, die süchtig macht und den Wunsch nach einem neuerlichen Besuch der Insel aus Feuer und Eis weckt.

### DER AUTOR

**Christian Nowak**, Jahrgang 1954, lebt in Berlin und ist seit seiner Jugend regelmäßig in Nordeuropa unterwegs. Er ist Autor zahlreicher Reiseführer, Bildbände und Artikel über diese Region. Christian Nowak ist Mitglied des Berliner Redaktionsbüros »Die Reisejournalisten« (www.die-reisejournalisten.de) und Mitherausgeber des Onlineportals »Das Weltreisejournal« (www.weltreisejournal.de).

# MERIAN TopTen

*Diese Höhepunkte sollten Sie sich bei Ihrem Besuch auf keinen Fall entgehen lassen: Ob die Hauptstadt Reykjavík, Eisberge, ein Bad in der Blauen Lagune oder heiße Geysire – MERIAN präsentiert Ihnen hier die wichtigsten Sehenswürdigkeiten Islands.*

### 1 Reykjavík
Islands Hauptstadt vereint die besten Museen, Restaurants, Clubs und Shoppingmöglichkeiten (▶ S. 55).

### 2 Blaue Lagune
Ein Bad im wohlig-warmen Wasser des milchig-blauen Sees inmitten einer bizarren Vulkanlandschaft ist herrlich entspannend (▶ S. 39, 65, 128).

### 3 Strokkur
Im Abstand von einigen Minuten schießt der Geysir Strokkur im Thermalfeld Haukadalur eine Wasserfontäne in den Himmel und fasziniert die Zuschauer (▶ S. 66, 124).

### 4 Þingvellir
Laufen Sie in die Almannagjá-Schlucht und bestaunen Sie die Grenze von eurasischer und amerikanischer Kontinentalplatte (▶ S. 71, 117, 124).

### 5 Látrabjarg
Auf dem größten Vogelberg im Nordatlantik brüten Hunderttausende Seevögel, aber auch die Klippen sind beeindruckend (▶ S. 13, 82).

### 6 Walsafari, Húsavík
Die größte Attraktion von Húsavík sind die Walsafaris. Nirgendwo stehen die Chancen besser, die großen Meeressäuger zu erleben (▶ S. 91).

MERIAN TopTen | 11

### ⭐ Mývatn

Der Mückensee, in liebliche grüne Hügel eingebettet, ist für sein reiches Vogelleben bekannt. In seiner Umgebung begeistern vielfältige vulkanische Phänomene (▶ S. 45, 87, 92).

### ⭐ Námafjall

Der Berg Námafjall ist ein aktiver Vulkan, an seiner Flanke liegt das Hochtemperaturgebiet Hverarönð mit blubbernden, heißen Schlammtöpfen (▶ S. 50, 94).

### ⭐ Bustarfell

Die sechs roten Giebel von Bustarfell gehören zu den größten und besterhaltenen Grassodenhöfen Islands. Die ältesten Gebäude stammen aus dem späten 18. Jh., bewohnt war der Hof noch bis 1966 (▶ S. 103).

### ⭐ Jökulsárlón

Weiße, blaue, aber auch von Vulkanasche schwarz gefärbte Eisberge treiben auf dieser schönsten Gletscherlagune Islands (▶ S. 15, 110, 112).

# MERIAN Momente
## Das kleine Glück auf Reisen

*Oft sind es die kleinen Momente auf einer Reise, die am stärksten in Erinnerung bleiben – Momente, in denen Sie die leisen, feinen Seiten Islands kennenlernen. Hier geben wir Ihnen Tipps für kleine Auszeiten und neue Einblicke.*

### Warmes Fußbad zum Sonnenuntergang  C5

Wie wäre es zum Sonnenuntergang mit einem warmen Fußbad mit großartiger Aussicht? Dann auf nach Seltjarnarnes! Hier hat die Künstlerin Ólöf Nordal einen Felsblock am Ufer ausgehöhlt, in den das Wasser einer heißen Quelle fließt. Der »bollasteinn« oder Tassenstein reicht zwar nicht für ein Vollbad, aber ein halbes Dutzend Paar Füße passt schon hinein. Das ist auch gut so, denn zum Sonnenuntergang ist man hier selten alleine. Nicht weit entfernt steht der Leuchtturm Grótta auf der kleinen Insel Norðurtangi. Bei Ebbe lässt er sich über einen Damm trockenen Fußes erreichen. Aber Vorsicht, bei Flut steht die Landbrücke unter Wasser. Ein Blick auf die Infotafel mit den aktuellen Zeiten von Ebbe und Flut schafft Klarheit. Von Mai bis Juli brüten die Vögel, dann steht die Grótta-Insel unter Naturschutz und darf nicht betreten werden.

Von Reykjavík in Richtung Seltjarnarnes fahren, dann auf der Uferstraße (Norðurströnd) bis zum Parkplatz

MERIAN Momente | 13

### 2 Spektakel der Seevögel  A3

**Látrabjarg** bietet gleich mehrere Superlative: Hier stehen Sie am westlichsten Punkt Europas und blicken auf die größten Vogelfelsen im Nordatlantik. Auch die senkrechten Klippen, die sich mehr als 400 m aus dem Meer erheben, sind rekordverdächtig. Packen Sie am Parkplatz ein kleines Picknick in Ihren Rucksack und wandern Sie gemächlich über Wiesen immer an der Kante entlang bergauf. Mit etwas Glück müsste nun der Snæfellsjökull mit seiner weißen Haube zu sehen sein. Doch das Hauptaugenmerk verdienen die Seevögel, hauptsächlich sind es Papageitaucher, Eissturmvögel, Trottel- und Dickschnabellummen, Tordalken, Eis- und Dreizehenmöwen, die alle einen Höllenspektakel veranstalten. Die meisten von ihnen sind wahre Flugkünstler, eine Ausnahme bilden die Papageitaucher, die ihre Bruthöhlen unter dem Gras direkt an der Kante haben und sich so besonders gut beobachten lassen. Stundenlang könnte man ihnen zuschauen, wie ihre Flügel anscheinend nur dazu taugen, den Absturz ein wenig zu mildern. Kehren sie dann mit einem Schnabel voll perfekt sortierter Fische zurück, legen sie eine

erbärmliche Landung hin und verschwinden schnell in der Höhle.
Westfjorde, von Patreksfjörður bis Látrabjarg ca. 45 km

### 3 Kaffee und Kuchen mit Aussicht  B4

Starten Sie zu diesem rund einstündigen Spaziergang am winzigen Hafen von Arnarstapi und folgen Sie dann dem Küstenweg bis nach Hellnar. In die Klippen hat die Brandung Höhlen gefressen und überall brüten Seevögel, von denen einige sich ziemlich angriffslustig zeigen. Am Ziel wartet eine kleine Hütte mit Sonnenterrasse – das Café Fjöruhusid. Hier fällt die Wahl schwer zwischen einer vorzüglichen Fischsuppe mit selbst gebackenem Brot oder Kaffee und köstlichem Kuchen. Oder doch lieber die Waffeln mit Kompott und Sahne? Vor dem Rückweg können Sie auf der Terrasse noch dem Rauschen der Brandung und dem durchdringenden Kreischen der Vögel zuhören, am Wasser entlangschlendern und die bizarren, außergewöhnlichen Felsformationen bestaunen.
Arnarstapi liegt an der Südküste der Halbinsel Snæfellsnes in der Nähe des Snæfellsjökull

# 14 | ISLAND ENTDECKEN

### 4 Helgafell, der Berg der drei Wünsche · B3

Schon seit der Wikingerzeit gilt der Helgafell als heiliger Berg. Hier soll die Heldin der Laxdalssaga, Guðrún Ósvifursdóttir, begraben worden sein. Der Volksglaube besagt, dass jeder drei Wünsche frei hat, der den Helgafell zum ersten Mal besteigt, wobei man vom Grab der Guðrún aus hinaufgehen muss. Dabei darf man sich nicht umdrehen, nicht reden und mit niemandem über die Wünsche sprechen. Wenn Sie an dieser Überlieferung zweifeln, genießen Sie einfach die Aussicht von dem gut 70 m hohen Hügel. Am Fuße des Helgafells liegen der gleichnamige Hof, der schon zur Zeit der Landnahme von dem Siedler Þórólfur bewohnt war, sowie eine kleine Kirche.

Helgafell befindet sich knapp 4 km südl. der Stadt Stykkishólmur

### 5 Erholsames Picknick in Akureyris Lustgarten · E3

Die Vegetation Islands ist eher karg, umso erstaunlicher präsentiert sich der Botanische Garten von Akureyri. Die Anfang des 20. Jh. auf einer geschützten Anhöhe gegründete Anlage verfügt über einen alten Baumbestand sowie eine Pflanzensammlung, die fast alle einheimischen und mehrere Hundert ausländische Arten umfasst. Die grüne, ruhige Oase wirkt wie ein Lustgarten und wird auch von Einheimischen gerne für eine kurze Pause oder ein Picknick genutzt. Kommen Sie möglichst an einem warmen Sonnentag, suchen Sie sich eine Bank und genießen Sie die bunt blühenden Beete und Schatten spendenden Bäume. So wähnen Sie sich in viel wärmeren Gefilden und vergessen bizarre Lavalandschaften und die Nähe des Polarkreises.

Akureyri | Spítalavegur | www.lystigardur.akureyri.is | Juni–Sept. Mo–Fr 8–22, Sa, So 9–22 Uhr | Eintritt frei

### 6 Mystisch leuchtender Nachthimmel

Die meisten Besucher kommen im Sommer nach Island, doch auch der Winter hat seinen Reiz – verschneite Vulkanlandschaften und vor allem Polarlichter, die zu den faszinierendsten Naturphänomenen gehören. Sie werden im Norden auch Nordlicht bzw. Aurora borealis genannt. Kein Wunder, dass die Menschen im hohen Norden sie seit jeher für mystisch halten. Wer zum ersten Mal die zartgrünen Lichtschimmer am Nachthimmel entdeckt, die nicht still stehen, sondern laufend ihre Form verändern, Schleier, Strahlen, Draperien, Bögen, Wolken und Wirbel bilden und vielleicht sogar in einer Aurora kulminieren, wird diesen Anblick nie wieder vergessen. Allerdings gibt es keine Voraussage, wann und ob Polarlichter auftauchen. Bringen Sie deshalb einige Tage Zeit mit.

MERIAN Momente | 15

### 7 Eine Audienz bei der Elfenkönigin  H3

Viele Isländer glauben an Elfen, Feen und Trolle. Wenn Sie sich auf die Suche nach ihnen machen wollen, fahren Sie nach Bakkagerði, einem kleinen, abgelegenen Dorf im Osten Islands. Bakkagerði ist ein wunderschöner Ort mit intensiv farbigen Häusern. Am Ortsrand fällt ein rund 30 m hoher Hügel ins Auge, die Álfaborg (Elfenburg). Hier soll die isländische Elfenkönigin residieren. Erklimmen Sie den Hügel und versuchen Sie herauszufinden, ob Sie zu den Menschen gehören, die mit Elfen kommunizieren können. Selbst wenn dies nicht der Fall sein sollte, genießen Sie den Ausblick. Der bekannte isländische Maler Jóhannes Sveinsson Kjarval ist hier aufgewachsen und hat den Hügel auf seine Art interpretiert: Auf seinem Altargemälde in der Kirche von Bakkagerði ist Jesus bei der Bergpredigt zu sehen – auf der Elfenburg.

Bakkagerði liegt ca. 75 km nordöstl. von Egilsstaðir

### 8 Magie des Eises in aller Ruhe  F5

Eine der meistbesuchten Sehenswürdigkeiten Islands ist die schöne Gletscherlagune **Jökulsárlón** 10, die vom Breiðamerkurjökull gespeist wird. Entsprechend groß ist der Trubel. Gehen Sie deshalb vom Parkplatz ein gutes Stück am Ufer der Lagune entlang, dann sind Sie wahrscheinlich bald alleine und können den Anblick der auf dem Wasser treibenden Eisberge in Ruhe genießen. Alle haben unterschiedliche Formen und Farben, mal ist das Eis tiefblau, mal weiß oder auch durch eingelagerten Vulkanstaub schwarz-weiß gestreift. Nehmen Sie sich Zeit, denn die Farben verändern sich mit der Tageszeit. Wenn die Sonne tief steht, erstrahlt die Lagune in intensiven Gelb- und Orangetönen. Auch beim zehnten Besuch sind dies immer noch besondere, magische Momente, für die sich die Anreise lohnt!

Jökulsárlón liegt am Südrand des Vatnajökull zwischen Skaftafell und Höfn

# NEU ENTDECKT
## Worüber man spricht

*Jede Insel verändert sich – auch wenn vieles beim Alten bleibt. Durch neu eröffnete Museen, Hotels oder Restaurants gewinnen Orte und manchmal ganze Landstriche weiter an Attraktivität. Ebenso lässt sich die Insel mit neuen Freizeitangeboten vielfältiger erleben und vielleicht sogar mit anderen Augen sehen. Hier erfahren Sie alles über die jüngsten Entwicklungen.*

◀ Der Ausflug zur Ice Cave (▶ S. 17) führt über den Langjökull-Gletscher.

## SEHENSWERTES

### Ice Cave  D 4

Der Langjökull ist der zweitgrößte Gletscher Islands. Auf seinem Plateau 1250 m ü. d. M. befindet sich der Eingang zu einer künstlichen Eishöhle, die rund 300 m unter das Gletschereis führt. Besucher gehen durch Tunnel und können sehen, wie sich die Farbe des Eises von Weiß zu Tiefblau verändert, je tiefer sie kommen. An der Eisbar warten dann Drinks und Snacks. Es gibt zwei Möglichkeiten, die Höhle zu besuchen: als rund neunstündige Tagestour von Reykjavík oder auf einem Ausflug vom Gletscherrand aus.
Langjökull | www.icecave.is | 1. Juni–31. Aug. tgl., 1. Sept.–31. Okt. Fr–So | ab Reykjavík 29 900 ISK, Kinder 12–15 Jahre 14 950 ISK, ab Gletscher 17 900/8950 ISK

## MUSEEN UND GALERIEN

### Eldheimar D 6

Der Ausbruch des Eldfell auf den Westmännerinseln am 23. Januar 1973 war eine der größten Naturkatastrophen, die Island im 20. Jh. heimgesucht hat. 400 Häuser wurden unter Asche und Lava begraben. 2005 wurde begonnen, zehn der damals verschütteten Häuser auszugraben und ein Besucherzentrum zu errichten. Medienwirksam erhielt das Projekt den Namen »Pompeji des Nordens«. Mittlerweile ist das Besucherzentrum Eldheimar für Interessierte geöffnet, obwohl die Ausgrabungen noch nicht beendet sind. Zentrales Ausstellungsstück, um das das Museum errichtet wurde, ist das Haus Gerðisbraut 10, in dem Guðni Ólafsson mit seiner Familie gelebt hat. Der gute Audioguide und die interaktiven Stationen informieren nicht nur detailliert über den Ausbruch von 1973, sie schildern auch sehr persönliche Erinnerungen der Betroffenen.
Heimaey | Suðurvegur/Gerðisbraut 10 | www.eldheimar.is | April–Mitte Okt. tgl. 11–18, sonst Mi–So 13–17 Uhr | Eintritt 1900 ISK, 10–18 Jahre 1000 ISK

### Leuchtturm Akranes B/C 4

Der neuere und größere der beiden Leuchttürme von Akranes kann besichtigt werden. Wer zur Aussichtsplattform hinaufsteigt, genießt einen weiten Blick über die Stadt. Im Innern

des Turmes werden auf mehreren Etagen Fotos und Gemälde lokaler Künstler ausgestellt, ein sehr charmantes Projekt, um unbekannten Künstlern eine Bühne zu geben. Hilmar, der sich um den Leuchtturm kümmert, erzählt die Geschichten hinter den Bildern.
Akranes | Tel. 8 94 30 10 | im Sommer tgl. 13–16 Uhr | Eintritt frei

### Rokksafn Íslands B 5

Hinter dem Namen verbirgt sich Islands einziges Rock-and-Roll-Museum. Hier wird natürlich die Geschichte von Berühmtheiten wie den Sugarcubes, Björk und Sigur Rós erzählt. Aber auch Interpreten wie Trúbrot, die außerhalb Islands kaum bekannt sind, lernt man hier kennen. Das moderne Museum hat viele interaktive Stationen, das Sound Lab bietet die Möglichkeit, selbst verschiedene Instrumente auszuprobieren.

Reykjanesbær | Hjallavegur 2 | Tel.
4 20 10 30 | www.rokksafn.is | tgl. 11–
18 Uhr | Eintritt 1500 ISK, bis 16 Jahre frei

## ÜBERNACHTEN

**Fosshótel Austfirðir**     H 3/4

**Neu eröffnet** – Dem Hotel in Fáskrúðsfjörður sieht man seine bewegte Geschichte nicht an. Das 1903 erbaute Gebäude diente als Krankenhaus für französische Seeleute, die im 20. Jh. vor der Küste fischten, bevor es 1939 auseinandergenommen und verlegt wurde. Im Herbst 2010 wurde das ehemalige französische Hospital dann wieder für die Restaurierung nach Fáskrúðsfjörður gebracht.

Ein Teil des Hauses beherbergt jetzt eine Ausstellung über die französischen Fischer, der Rest ist ein Luxushotel mit großen, hellen Räumen und ebensolcher Lobby. Die Lage direkt am Wasser mit eigenem Bootssteg sorgt für fantastische Ausblicke. Das hervorragende Restaurant L'Abri serviert französisch orientierte Speisen. WLAN, Parkplatz und Bar. Im Winter nur eingeschränkt geöffnet. Geschmackvoll und schlicht eingerichtete Zimmer, großzügiges Frühstücksbuffet.

Fáskrúðsfjörður | Hafnargata 11–14 | Tel.
4 70 40 70 | www.fosshotel.is | 26 Zimmer | ♿ | €–€€

## ESSEN UND TRINKEN

**Borg Restaurant**     ▶ Klappe hinten, b 2

**Eine Institution** – Seit Völundur Snær Völundarson im Hotel Borg das Sagen hat, weht durch das Restaurant ein Hauch von Exotik, denn Volli, wie ihn die Isländer nennen, hat zwölf Jahre auf den Bahamas gelebt. Er ist nicht nur TV-Koch, sondern auch Autor des Buches »Delicious Iceland«, das bei den Gourmand World Cookbook Awards immerhin unter die 100 besten Kochbücher der Welt gewählt wurde. Obwohl sich Völundarson auf frische regionale Produkte konzentriert, merkt man seiner Kochkunst durchaus an, dass er lange Zeit in der Karibik gelebt hat. So kommt der blaue Lengfisch mit Sesamsamen, Joghurt und Fruchtsauce auf den Tisch, zum Hähnchen reicht er Kürbis, Süßkartoffeln und Erdnüsse.

Am Wochenende gibt es den beliebten Brunch, außerdem ist das Restaurant den ganzen Tag geöffnet, sodass man nachmittags auch nur auf einen Drink einkehren kann.

Reykjavík | Pósthússtræti 9–11 | Tel.
5 78 20 20 | www.borgrestaurant.is |
Lunch 11.30–14, Dinner Mo–Fr 18–22,
Sa, So bis 23 Uhr | €€–€€€

## KULTUR UND UNTERHALTUNG

**Fákasel** 🏇     C 5

Im einzigen Pferdetheater Islands sind die Islandpferde die Stars. Während der rund 45-minütigen Vorstellung »Die Legenden des Sleipnir« wird eine Geschichte aus der nordischen Mythologie nachgespielt. Sleipnir war das achtbeinige Pferd des Gottes Odin. Eine gelungene Show mit guten Lichteffekten zur Musik von Barði Jóhannsson, einem der bekanntesten Musiker

Islands. Die Vorführung ist für Islandpferdeliebhaber ein Muss.
Ölfus (bei Hveragerði) | Ingolfshvoll | Tel. 4 83 50 50 | www.icelandichorsepark.de | tgl. 19 Uhr | Eintritt 4800 ISK, bis 12 Jahre frei

## AKTIVITÄTEN

### Gamla laugin     D5

Der kleine Ort Flúðir liegt zwar in der Nähe des Golden Circle und besitzt ein Icelandair-Hotel, wird aber trotzdem nicht gerade von Touristen überschwemmt. »Gamla laugin«, was so viel wie alte oder versteckte Lagune bedeutet, lohnt aber in jedem Fall einen Besuch. Das Naturbad mit 38 bis 40 °C warmem Wasser gibt es seit 1891, damit ist es der älteste Pool Islands. Als 1947 jedoch ein neues Schwimmbad gebaut wurde, geriet die »gamla laugin« in Vergessenheit. Erst nach der kürzlich erfolgten Sanierung wurde der kleine, dampfende See wieder eröffnet. Alle paar Minuten stößt der »litli geysir« eine kleine Wasserfontäne aus, was von der Lagune aus gut zu sehen ist. Nach dem Bad bietet sich ein Spaziergang

zu den rauchenden und blubbernden Hotspots des geothermalen Feldes an.
Flúðir | Hvammsvegur | Tel. 8 61 02 37 | www.secretlagoon.is | Mai–Sept. tgl. 10–22, sonst So–Do 14–18 Uhr | Eintritt 2500 ISK, bis 16 Jahre frei

⚑ Weitere Neuentdeckungen sind durch dieses Symbol gekennzeichnet.

Im Fosshótel Austfirðir (▶ S. 18) erinnern nur noch die Bilder an den Wänden an die bewegte Vergangenheit des Hauses. Die Zimmer sind für isländische Verhältnisse recht groß.

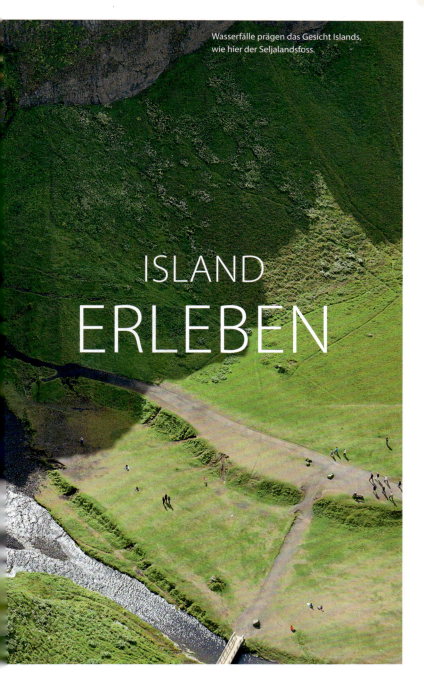

Wasserfälle prägen das Gesicht Islands, wie hier der Seljalandsfoss.

# ISLAND ERLEBEN

# ÜBERNACHTEN

*Island erlebt einen Tourismus-Boom und die Besucherzahlen steigen von Jahr zu Jahr, was hauptsächlich an den touristischen Hotspots während der Hauptreisemonate Juni, Juli und August zu Engpässen führen kann.*

Die Übernachtungsmöglichkeiten sind vielfältig: Es gibt **Hotels**, Gästehäuser, Privatzimmer, Jugendherbergen, Ferienhäuser, Berghütten, Urlaub auf dem Bauernhof, Schlafsackunterkünfte und Campingplätze. Übernachtungspreise sind – wie das allgemeine Preisniveau – deutlich höher als in Deutschland. Einzige Ausnahme bilden die Campingplätze. Da die meisten Unterkünfte, einschließlich der **Hotels**, eher klein sind, belegt oft schon eine Reisegruppe das gesamte Haus. Eine rechtzeitige Buchung ist auch und gerade für Reykjavík unbedingt empfehlenswert.
Einen ersten, aktuellen Überblick über so gut wie alle Übernachtungsmöglichkeiten enthält die jährlich erscheinende Broschüre Áning, die in den Touristenbüros ausliegt oder online heruntergeladen werden kann (www.heimur.is). Allerdings werden die einzelnen Häuser nur mit Adresse, Bild und Piktogrammen vorgestellt, Preisangaben fehlen.

◀ Das Hotel Frost and Fire (▶ S. 24) liegt
in einem Hochtemperaturgebiet.

Viele, meist ganzjährig geöffnete Häuser, gehören Ketten an. Die zwölf
Fosshótels mit 3-Sterne-Komfort liegen entlang der Ringstraße (www.
fosshotels.is), die acht Icelandairhotels bieten gehobenen Standard (www.
icehotels.is), die sechs Keahotels haben unterschiedlichen Standard
(www.keahotels.is) und die Eddahotels nutzen überwiegend im Sommer
geschlossene Internate als Touristenhotels (www.hoteledda.is).

## VOM KETTENHOTEL ZUM BAUERNHOF

Gästehäuser (»gistiheimili«) sind in der Regel kleiner und etwas billiger
als Hotels, es gibt sie praktisch in jedem Ort. Standard und Preise vari-
ieren stark. In **Gästehäusern**, aber auch in manchen Hotels, übernachtet
man sehr viel günstiger, wenn man auf das Bettzeug verzichtet und den
eigenen Schlafsack benutzt.
Ferien auf dem Bauernhof werden immer beliebter, vor allem für Familien mit Kindern. Mittlerweile nehmen landesweit rund 180 **Bauernhöfe**
Gäste auf. Dies können hotelähnliche Betriebe, Apartments, Ferienhäuser
oder Privatzimmer sein, alle jeweils mit oder ohne eigenes Bad. Auch
einfache Schlafsackunterkünfte sind verbreitet. Einen Anhaltspunkt über
die Ausstattung der Unterkunft gibt die Einteilung in vier Kategorien.
Mit Open-Farm-Gutscheinen spart man Geld, eine Reservierung ist
maximal 24 Stunden im Voraus möglich. In der Broschüre »Icelandic
Farm Holidays« sind alle Bauernhöfe mit Gästebetten aufgelistet (www.
farmholidays.is).

## EINFACHE HERBERGEN UND CAMPINGPLÄTZE

Die 32 isländischen **Jugendherbergen** (»farfuglaheimili«) verteilen sich
auf das ganze Land, viele von ihnen sind das ganze Jahr über geöffnet.
In der Regel gibt es Zwei- bis Sechsbettzimmer und auch Familienzimmer
sowie eine Gemeinschaftsküche für Selbstverpflegung (www.hostel.is).
**Campingplätze** sind in der Regel nur von Juni bis Ende August geöffnet.
Die Ausstattung ist unterschiedlich, von sehr einfach, mit nur einem WC
und einem Wasserhahn, manchmal einer Dusche bis zu gut ausgestatte-
ten Plätzen. Durchgehend besetzte Rezeption und Shop sind eher die
Ausnahme, oft kommt am Abend jemand zum Kassieren vorbei. Riesige
Campingplätze wie am Mittelmeer mit Supermarkt und Animations-
programm gibt es in Island nicht.

24 | ISLAND ERLEBEN

## BESONDERE EMPFEHLUNGEN

### Ferðaþjónustan Mjóeyri ⚓H3

**Mit Fjordpanorama** – Sie haben die Wahl zwischen einem einfachen Gästehaus – Baujahr 1895 – und fünf modernen, großzügigen und komfortablen Holzhütten mit Balkon und Terrasse. Auch diese Unterkunft punktet durch ihre einzigartige Lage, denn Hütten und Haus teilen sich mit einem kleinen Leuchtturm eine Sandbank, die in den Eskifjörður hineinragt. Wer sich an dem grandiosen Fjordpanorama satt gesehen hat, kann Boot und Angelausrüstung mieten und die auf der Sandbank aufgereihten Hütten vom Wasser aus anschauen und vielleicht einen Fisch mit nach Hause bringen.

Eskifjörður | Strandgötu 120 | Tel. 4 77 12 47 | www.mjoeyri.is | 5 Zimmer und 5 Hütten | €–€€€

### Frost and Fire ⚓C5

**Ideal zum Entspannen** – Von der Terrasse ist das leise Plätschern des Flusses zu hören und am Berghang steigen Dampfwolken auf – Hveragerði liegt mitten in einem Hochtemperaturgebiet. Ein warmer Pool und zwei heiße Pötte sorgen für Entspannung, das Restaurant serviert isländische Spezialitäten und beim reichhaltigen Frühstücksbuffet im Wintergarten verwöhnt einen die Sonne. Das Frühstücksei muss man allerdings selbst kochen, dazu packt man es in ein kleines Netz mit Stock, trägt es vor die Tür und hält es rund fünf Minuten in eine Erdspalte, aus der der Dampf zischend entweicht.

Hveragerði | Hverhamar | Tel. 4 83 49 59 | www.frostogfuni.is | 17 Zimmer | €€

### Hotel Aldan ⚓H3

**Nostalgie in Holz** – Wohlhabende Fischhändler ließen sich früher reich verzierte Holzhäuser als Bausatz aus Norwegen kommen. Darunter war auch das heutige Hotel Aldan, das fast 100 Jahre die örtliche Bank beherbergte. Mittlerweile wurde das Haus liebevoll restauriert und versprüht einen wunderbar nostalgischen Charme. Die Rezeption befindet sich in einem separaten, nicht minder schönen Holzhaus an der Hauptstraße Norðurgata, in dem seit 1920 ein kleiner Kramladen untergebracht war.

Seyðisfjörður | Oddagata 6 | Tel. 4 72 12 77 | www.hotelaldan.is | 9 Zimmer | €€–€€€

### Hótel Djúpavík ⚓C2

**Der Historie verpflichtet** – Djúpavík liegt in der Region Strandir, einer der einsamsten Gegenden Islands. Als Ásbjörn Þorgilsson mit seiner Frau Eva Sigurbjörnsdottir nach Djúpavík kam, war der kleine Ort entvölkert. Doch die beiden ließen sich nicht abschrecken und eröffneten 1985 in der ehemaligen Unterkunft der Arbeiterinnen der Heringsfabrik ein Hotel in Solitärlage. Die Zimmer sind einfach und es gibt nur Etagenduschen, doch das Haus ist mit viel Liebe zum Detail eingerichtet, wobei Eva und Ásbjörn viel Wert darauf gelegt haben, das historische Ambiente zu erhalten.

Djúpavík | Tel. 4 51 40 37 | www.djupavik.com | 8 Zimmer | €

### Hótel Glymur ⚓C4

**Galerie mit Aussicht** – Die Aussicht auf den Walfjord ist beeindruckend. Diese genießt man von den luxuriösen

Doppelstockzimmern, vom Restaurant und auch aus den Hot Pots. Das ganze Hotel dient als Galerie, die meisten Stücke haben die Inhaber von ihren zahlreichen Reisen mitgebracht. Noch individueller sind die sechs separaten Themenvillen mit eigenem Jacuzzi. Wintergäste können sicher sein, kein Nordlicht zu verpassen, denn das Hotel hat einen Weckservice – für diejenigen, die sich das Himmelsschauspiel nicht entgehen lassen wollen.

Hvalfjörður | Tel. 4 30 31 00 | www.hotelglymur.is | 22 Zimmer, 2 Suiten, 6 Villen | ♿ | €€€€

## Þakgil 🧗 　　　　　　　　　　E6

**Bergwelt der Superlative** – Schon die Anfahrt zu diesem Campingplatz ist ein Erlebnis, bei Nebel oder tief hängenden Wolken sogar ein kleines Abenteuer – aber auch mit einem normalen PKW problemlos zu bewältigen. Die Schotterpiste führt in die Einsamkeit, durch eine bizarre Vulkanlandschaft, die eine Farborgie in Schwarz, Grün und Gelb bildet. Wer nicht zelten möchte, kann eine der Holzhütten mieten und von der Terrasse die Bergwelt bestaunen. Eine Wanderung durch die Märchenlandschaft ist Pflicht, mit guter Kondition ist der Gletscher Mýrdalsjökull ein lohnendes Ziel.

Vík í Mýrdal | Höfðabrekkuafrétti | Tel. 8 93 48 89 | www.thakgil.is | 9 Hütten | €€

Weitere empfehlenswerte Adressen finden Sie im Kapitel **ISLAND ERKUNDEN**.

Preise für ein Doppelzimmer mit Frühstück:

€€€€ ab 35 000 ISK　€€€ ab 25 000 ISK
€€ ab 15 000 ISK　　€ bis 15 000 ISK

Das Hótel Glymur (▶ S. 24) bietet nicht nur eindrucksvolle Blicke auf den Walfjord. In dieser ruhigen Gegend kann man auch sehr gut Nordlichter beobachten.

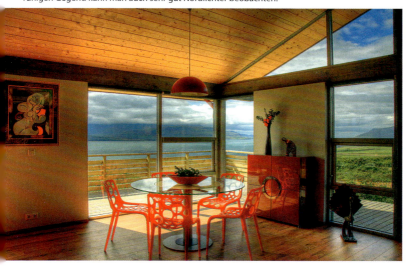

# ESSEN UND TRINKEN

*Islands Küche ist mittlerweile sehr vielfältig und international, selbst Gourmet-Restaurants gibt es – zumindest in Reykjavík. In kleineren Orten ist die Auswahl nicht so groß, hier kommt eher einfache, deftige Hausmannskost auf den Tisch.*

Was ist das isländische Nationalgericht? Irgendetwas Raffiniertes mit Lamm oder Fisch? Wohl eher nicht, denn etwas Profanes wie das **Hotdog** erobert den Spitzenplatz. Kein Kiosk, keine Tankstelle und kein Würstchenwagen kann auf diese Köstlichkeit verzichten. Geradezu Kultstatus hat der stadtbeste Hotdog-Wagen Bæjarins Beztu in der Tryggvagata in der Nähe des Reykjavíker Hafens erlangt. Immerhin feierte der schon 2007 sein 70-jähriges Jubiläum. Vor der Luke gibt es eigentlich zu jeder Tages- und Nachtzeit eine Schlange. Wenn es dann so weit ist, einfach »eina með öllu« sagen und rund zehn Sekunden warten, bis das Hotdog mit allem fertig ist. »Mit allem« bedeutet, das Würstchen im gewohnt lappigen Brötchen wird mit Remoulade, Senf, Ketchup sowie rohen und gerösteten Zwiebeln garniert. Was unterscheidet dieses Hotdog nun von allen anderen? Ehrlich gesagt – nicht viel! Frisch ist es immer und wenn

◄ Der Grillmarkaðinn (► S. 28) ist bekannt
für seine leckeren Hamburger.

man sich das Würstchen auf der Zunge zergehen lässt, schmeckt es –
dank der Zugabe von Lammfleisch – etwas kräftiger als im Rest der Welt.
Bemerkenswert wäre vielleicht noch, dass auch Bill Clinton als beken-
nender Fast-Food-Liebhaber bei seinem Besuch in Reykjavík Bæjarins
Beztu einen Besuch abstattete. Allerdings widersetzte er sich dem allgemeinen Trend und bestellte sein Hotdog nur mit Senf.

## FISCH UND LAMM SIND ERSTE WAHL

Wenn einheimische Zutaten wie **Fisch** oder **Lamm** verwendet werden,
sind diese absolut frisch und immer eine gute Wahl. Auf der Speisekarte
sind auch öfter Papageitaucher zu finden, die noch nach alter Sitte mit
Netzen gefangen werden. Wer eventuell Bedenken beim Verspeisen der
putzigen Vögel hat, kann sich zumindest beruhigen, dass ihr Bestand
nicht akut gefährdet ist, schmecken tun sie nicht schlecht. Auch Walfleisch wird hin und wieder angeboten, dessen Verzehr heute eigentlich
nicht mehr notwendig ist, aber ganz können die Isländer immer noch
nicht mit ihrer Tradition als Walfangnation brechen.
Mehrgängige Menüs sind eher dem feinen Dinner vorbehalten. Wer mit-
tags essen geht, fährt deutlich günstiger als am Abend. Für den kleinen
Hunger gibt es die Tagessuppe, oft mit Nachschlag, Brot und Butter, verschiedene Hamburger und Pizza. Salat- und Pastabuffets werden mit
Suppe vorweg und Kaffee hinterher zum Minimenü. Eine wahre Delika-
tesse kann die Fischsuppe sein, die fast jedes Restaurant nach einem eigenen Rezept zubereitet.
Ein kalorienreicher, süßer Genuss sind die oft beeindruckend großen
Sahnetorten zum Nachmittagskaffee. Ebenfalls süß und typisch isländisch und schon fast ein Nationalgericht ist »skýr«, eine Mischung aus
Joghurt und Quark, verfeinert mit frischen Früchten oder Sahne, allerdings ebenso wie die Torten eine wahre Kalorienbombe.
Wenn das Essen mal zu reichlich war, wird mit einem oder mehreren
Gläsern »**brennivín**«, dem heimischen Branntwein, nachgespült, der
nicht ganz zu Unrecht auch »Schwarzer Tod« genannt wird. National-
getränk der Isländer ist Kaffee, der zu jeder Tages- und Nachtzeit getrunken und im Lokal oft kostenlos nachgeschenkt wird.
Neben den oben erwähnten normalen Speisen hält die traditionelle isländische Küche noch einige kulinarische Herausforderungen bereit. Die

gewöhnungsbedürftigen Traditionsgerichte sind mittlerweile zwar nicht mehr in aller Munde, finden jedoch immer noch Liebhaber. Vor allem beim Winterfest Þorrablót, das nach dem altisländischen Kalender benannt ist und die Halbzeit des langen Winters markiert. Bei dieser Gelegenheit wird vor allem Fermentiertes, Gesalzenes, Getrocknetes und Gesäuertes aufgetischt, denn nur so konnten Lebensmittel zu Wikingerzeiten haltbar gemacht werden.

## HALTBARES, GESALZEN UND GEPÖKELT

Um sich langsam an diese Köstlichkeiten heranzutasten, eignet sich »harðfiskur« oder »saltfiskur«, luftgetrockneter, **gesalzener Fisch**, der sich gut in einer sehr kräftig riechenden Fischsuppe macht. Gerne wird er auch als Snack geknabbert. Auch an »hangikjöt«, das ist stark **geräuchertes Lammfleisch**, und »saltkjöt«, also an **gepökeltes Fleisch**, kann sich der mitteleuropäische Gaumen noch recht einfach gewöhnen.

Wenn dann aber »svið«, ein abgesengter, erst gekochter, dann im Ofen gebräunter halber **Schafskopf**, oder »pungur«, sauer eingelegte Hammelhoden, oder »hákarl«, **fermentierter Hai**, auf dem Tisch stehen, sagen viele doch »Nein, danke!«

### BESONDERE EMPFEHLUNGEN

**Fjörugarðurinn**  🔲📯 C 5

**Wie einst die Wikinger** – Ein großer, dunkler Raum mit rustikalem Inventar und allerlei Wikingerutensilien – so könnte das Langhaus eines Häuptlings von innen ausgesehen haben. Als Dekoration dient auch die Kopie des Wandteppichs von Bayeux aus dem 11. Jh. Dazu passt das mehrgängige Viking Dinner: Für Hartgesottene gibt es als Vorspeise »hákarl«, »hardfiskur« und einen »brennivín«, danach für jedermann Fischsuppe, Lamm und »skýr«. Da hier Gruppen einkehren, gibt es eine Chance auf Livemusik nach Wikingerart.

Hafnarfjörður | Strandgötu 55 | Tel. 5 65 12 13 | www.fjorukrain.is | tgl. ab 18 Uhr | €€–€€€

**Grillmarkaðinn**  ▶ Klappe hinten, b 2

**Kreative Küche** – Der Grillmarkt liegt etwas versteckt, aber die Suche lohnt, vor allem der Gastraum im Souterrain ist sehenswert. Wegen der Wände aus Säulenbasalt und Treibholz, der Lampen aus Lava und Fischhaut – insgesamt ein sehenswertes, modernes Design. Die Hamburger sind preisgekrönt, aber ehrlich gesagt: Ein Hamburger bleibt ein Hamburger. Hervorragend munden Fisch und Lamm, vor allem jeweils in der Gourmetvariante mit drei verschiedenen Probierstücken. Können Pommes frites etwas Besonderes sein? Im Grillmarkt schon!

Reykjavík | Lækjargata 2A | Tel. 5 71 77 77 | www.grillmarkadurinn.is | Mo–Fr 11.30–14 und 18–22.30, Sa, So 18–23.30 Uhr | €€–€€€€

## Essen und Trinken | 29

### Humarhöfnin  G5
**Hummer in Perfektion** – Im Hummerhafen haben sich Ben Stiller und einige andere Schauspieler bei den Dreharbeiten zum Film »Das erstaunliche Leben des Walter Mitty« die edlen Krustentiere schmecken lassen. Eine gute Wahl, denn hier werden die Hummer von lokalen Fischern fangfrisch angeliefert und exzellent zubereitet.
Höfn | Hafnarbraut 4 | Tel. 4 78 12 00 | www.humarhofnin.is | April, Mai, Sept. 18–22, Juni–Aug. 12–22 Uhr | €€–€€€€

### Perlan ▶ Klappe hinten, f5
**Auf dem Warmwasserspeicher** – Wie ein kuppelförmiges Raumschiff thront das vom Stararchitekten Ingimundur Sveinsson entworfene Drehrestaurant über Reykjavík. Der Blick durch die Glaskuppel, die auf fünf riesigen, silberfarbenen Wassertanks sitzt, in denen das heiße Wasser für die Hauptstadt lagert, ist grandios. Der preisgekrönte Chefkoch Stefán Elí Stefánsson sorgt mit seinen französisch-isländisch inspirierten Menüs dafür, dass die Perle weiterhin zu den besten – allerdings auch teuersten – Restaurants der Stadt gehört. Beliebt sind auch die üppigen Buffets wie das Weihnachtsbuffet oder das Wildbuffet im Herbst.
Reykjavík | Öskjuhlíð | Tel. 5 62 02 00 | www.perlan.is | Cafeteria tgl. ab 10, Restaurant ab 18.30 Uhr | €€€–€€€€

Weitere empfehlenswerte Adressen finden Sie im Kapitel **ISLAND ERKUNDEN**.

Preise für ein Hauptgericht:

| €€€€ ab 6000 ISK | €€€ ab 4500 ISK |
| €€ ab 3000 ISK | € bis 3000 ISK |

Die besten Hotdogs der Stadt soll es bei Bæjarins in Reykjavík beim Hafen geben. Die langen Schlangen vor dem Kiosk sprechen dafür, hier mal eines zu probieren.

# Grüner reisen
## Urlaub nachhaltig genießen

*Wer zu Hause umweltbewusst lebt, möchte vielleicht auch im Urlaub Menschen unterstützen, denen ein verantwortungsvoller Umgang mit der Natur am Herzen liegt. Empfehlenswerte Projekte, mit denen Sie sich und der Umwelt einen Gefallen tun können, finden Sie hier.*

So mancher Islandbesucher fragt sich mitunter, wie eine Nation nur derart Energie verschwenden kann. Da werden mitten im Winter Bürgersteige und sogar eine ganze Meeresbucht beheizt, in Wohnhäusern stehen die Fenster sperrangelweit offen und die vielen Schwimmbäder und Hot Pots haben das ganze Jahr über Badewannentemperatur. Als eines der wenigen Länder der Erde kann sich Island das mit relativ gutem Gewissen leisten, denn es nutzt zur Energiegewinnung fast ausschließlich erneuerbare Quellen. Rund drei Viertel des Stroms werden aus Wasserkraft generiert, der Rest aus Geothermie. Die Wärme in Häusern, Bürgersteigen und Schwimmbädern hat ihren Ursprung zu 90 Prozent in geothermalen Quellen. Durch diese glücklichen Umstände wurde Island praktisch automatisch zu einem Vorreiter der Nachhaltigkeit. Wer sich über die Energiegewinnung in Island informieren möchte, hat dazu Gelegenheit im Geothermalwerk von Hellisheiði, auf halbem Weg zwischen Reykjavík und Hveragerði (tgl. 9–17 Uhr, www.orkusyn.is). Eine weitere

Möglichkeit bietet die multimediale Ausstellung Power Plant Earth im Kraftwerk Reykjanesvirkjun auf Reykjanes (www.powerplantearth.is, Mitte Mai–Mitte Sept. Sa, So 12.30–16.30 Uhr, 1000 ISK).

Reykjavík kennt keinen Smog und ist weltweit wahrscheinlich die Hauptstadt mit der saubersten Luft. Gehen Sie auf den Hügel Öskjuhlíð und dann auf die Aussichtsterrasse des Restaurants Perlan und überprüfen es: der Hausberg Esja scheint zum Greifen nah, aber selbst der rund 100 km entfernte Snæfellsjökull ist häufig zu sehen.

Ein vorbildliches Projekt ist das 1980 von Farmern gegründete Unternehmen Icelandic Farm Holidays, denn es engagiert sich für den ländlichen Tourismus und bietet authentischen Urlaub zum Mitanpacken und Relaxen auf 180 Farmen, Pensionen, Landhotels und Cottages. Für seinen nachhaltigen Ansatz wurde es von Earth Check mit dem Goldenen Zertifikat ausgezeichnet (www.farmholidays.is).

## ÜBERNACHTEN

### ION Luxury Adventure Hotel  C5

Das Design wirkt außen wie innen modern und sehr stylish. Der Blick aus der Panoramabar ist atemberaubend. Die Umgebung: einsam! Nur vom nahen Geothermalkraftwerk wehen hin und wieder weiße Dampfschwaden herüber, das hat etwas von einer Science-Fiction-Filmkulisse. Natürlich nutzt das Hotel die geothermalen Quellen und die Wasserkraft in der Nähe.

Außerdem wurde es komplett aus nachhaltigen Materialien konstruiert. Für die Herstellung vieler Möbel wurde Treibholz verwendet, Stühle und Betten sind aus recycelten Materialien gefertigt, Lavalampen sowie viele Tageslichtquellen minimieren die künstliche Beleuchtung. Das Restaurant verwendet möglichst viele regionale Produkte, die Forellen kommen aus dem nahen Þingvallavatn.

Nesjavellir | Tel. 4 82 34 15 | www. ioniceland.is | 45 Zimmer | €€€€

### Skálanes  H3

Das Natur- und Kulturzentrum Skálanes liegt in einem Naturschutzgebiet am Ostufer des Seyðisfjörður, rund 18 km vom Ort entfernt. Der Hof hat seine gesamte Philosophie auf nachhaltige Gastronomie, Viehzucht und Ökolandbau ausgerichtet. Wer hier übernachtet, kann geführte Wanderungen zu den Vogelkolonien entlang der Steilküste oder zu der Eiderenten-Kolonie unternehmen. Zum Angebot gehören auch Workshops zur Nahrungsmittelkunde und Zusammenkünfte mit Köchen und Biobauern der Umgebung. Die Solitärlage garantiert einen sehr entspannenden Aufenthalt inmitten grandioser Natur.

Seyðisfjörður | Tel. 8 61 70 08 | www. skalanes.com | €€

## ESSEN UND TRINKEN

### Gamla Fjosid  D6

Das Restaurant befindet sich in einem ehemaligen Kuhstall, das Ambiente ist einfach und urig, aber gemütlich. Das

Fleisch stammt vom eigenen Hof, das Gemüse kommt aus dem Garten und das Brot ist natürlich selbst gebacken – Gerste und Weizen liefert der Nachbar. Das Steak ist seinen Preis wert. Oder doch lieber ganz traditionell und eine Portion »grjónagrautur med lifrarpylsu« – Milchreis mit Leberwurst?
An der Ringstraße, am Fuß des Eyjafjallajökull | Tel. 4 87 77 88 | www.gamlafjosid.is | im Sommer tgl. 11–21 Uhr | €–€€€€

## Icelandic Fish & Chips

▶ Klappe hinten, b 2

Das am Hafen von Reykjavík gelegene »Icelandic Fish and Chips Organic Bistro« fühlt sich ganz den Ideen der Slow-Food-Bewegung verbunden. Die Speisekarte ist übersichtlich, pro Tag werden drei bis vier Fischgerichte angeboten, je nachdem, was die Fischer morgens an Land bringen. Selbst gemachte Pommes frites und Rosmarinkartoffeln, Saucen, Zwiebelringe und frische Salate runden den gesunden Snack ab. Wer aus Großbritannien Fetttriefendes gewohnt ist, wird hier aufs Angenehmste überrascht. Das Ambiente gleicht aber einer Kantine.
Reykjavík | Tryggvagata 11 | Tel. 5 11 11 18 | www.fishandchips.is | tgl. 12–21 Uhr | €

## Micro Bar

▶ Klappe hinten, b 2

Gutes Bier braucht gutes Wasser – und das ist in Island reichlich vorhanden. Mittlerweile gibt es eine ganze Reihe von Mikrobrauereien, die aus diesem Wasser hervorragende ökologische Biere produzieren. Ölvisholt aus Südisland hat Biere wie Lava, Mori, Skjalfti und Freyja im Angebot. Die älteste

Brauerei in Island, Ölgerdin Egill Skalllagrímsson in Reykjavík, produziert in der angegliederten Mikrobrauerei Borg preisgekrönte Sorten wie das Indian Pale Ale Úlfur oder das Porter-Bier Myrkvi mit ungewöhnlichen Schokoladen- und Kaffee-Aromen. In Nordisland überzeugt die Mikrobrauerei Gæðingur mit einem leicht zitronigen Lager und einem ungefilterten Stout mit Malz-, Karamell- und Lakritzaroma, während in der Kaldi-Brauerei die traditionelle tschechische Braukunst zelebriert wird. Wer einige der einheimischen Biere probieren möchte, findet in der Micro Bar eine Auswahl.
Reykjavík | Austurstræti 6 | Tel. 8 47 90 84 | tgl. 11–23.30 Uhr

## EINKAUFEN

### Harpa Ökomarkt

▶ Klappe hinten, b1

Vierteljährlich findet in der Konzerthalle Harpa Islands größter Ökolebensmittelmarkt statt. Mehr als drei Dutzend Aussteller aus dem ganzen Land bieten ihre Produkte zum Probieren und zum Kauf an.
Reykjavík | Harpa | Austurbakki 2 | www.matarmarkadur.is | jeweils Sa, So 11–17 Uhr

### Ljómalind

C 4

Im Jahr 2013 haben sich zwölf Frauen aus Westisland zusammengetan und den Laden Ljómalind eröffnet, um gemeinsam authentische und nachhaltige isländische Produkte anzubieten. Der Laden ist eine Fundgrube für so Unterschiedliches wie Wollwaren, Obst, Gemüse, Spielzeug, Kunstgewerbe und vieles mehr.
Borganes | Sólbakka 2 | Tel. 4 37 14 00 | www.ljomalind.is | tgl. 13–18 Uhr

Grüner reisen | 33

### Omnom Chocolate

Die neue isländische Schokolade Omnom (www.omnomchocolate.com) ist handgemacht und nach den Prinzipien der Nachhaltigkeit hergestellt. Die Tafeln von Óskar Þórðarson, Kjartan Gíslason und Karl Viggó Vigfússon bestehen ausschließlich aus dunklen Bio-Kakaobohnen – unter anderem aus Papua Neuguinea oder Madagaskar –, Rohrzucker und isländischer Milch. Designer André Úlfur Visage setzt auf puristische Verpackungen mit Grafiken von allerlei typisch isländischen Tieren.
Erhältlich unter anderem in Reykjavík in folgenden Läden:

– Frú Lauga, Óðinsgata 1

▶ Klappe hinten, c 3

– Kex Hostel, Skúlagata 28

▶ Klappe hinten, d 2

– Reykjavík Roasters, Kárastígur 1

▶ Klappe hinten, d 2

– Sælkerabúðin, Bitruháls 2

▶ Klappe hinten, östl. f 5

– The Laundromat Café, Austurstræti 9

▶ Klappe hinten, b 2

## AKTIVITÄTEN
### Reykjavík mit dem Fahrrad

▶ Klappe hinten, a 2

Die isländische Hauptstadt eignet sich hervorragend für eine Erkundung per Fahrrad, denn sie ist nicht zu groß und der Autoverkehr kaum störend. Wer sich dann noch Einheimischen anvertraut, wie bei der »Classic Reykjavík Bike Tour«, erfährt viel über die Stadt. Die Tour führt zum neuen Rathaus, zu den bunten Holzhäusern der Altstadt, zum Elfenstein, zum Tjörnin-See und zur Hallgrimskirche. Man kommt aber auch am unscheinbaren Haus von Vigdís Finnbogadóttir, immerhin von 1980 bis 1996 Präsidentin von Island, vorbei. Auch das Haus von Björk wirkt nicht wie das eines Weltstars.
Reykjavík Bike Tours & Bike Rental | Reykjavík | Ægisgarður 7 | Tel. 6 94 89 56 | www.icelandbike.com

Designer André Úlfur Visage von Omnom Chocolate ( ▶ S. 33) lässt die Omnom-Fans auf Facebook darüber abstimmen, welches Verpackungslayout sie bevorzugen würden.

# EINKAUFEN

*Der nächste Winter kommt bestimmt, aber mit einem echten Islandpullover lässt sich die Kälte gut aushalten. Oder möchten Sie doch lieber einen Bummel durch Reykjavíks Designerläden machen und sich auf die Suche nach dem Außergewöhnlichen begeben?*

Das beliebteste – und auch praktische – Souvenir ist der **Islandpullover** (»lopapeysa«) aus Schafwolle mit dem typischen Muster. Schon die ersten Siedler haben Schafe mitgebracht, die Tiere mussten sich dem harten Klima anpassen und sich eine dicke Wolle zulegen. Diese besteht aus zwei verschiedenen Fasern: den langen, wasserabweisenden Außenhaaren und den feinen, gut isolierenden Innenhaaren. Ein echter Islandpullover wärmt deshalb ungemein und lässt sogar ein paar Regentropfen abperlen – aber nur, wenn er aus der sogenannten Lopi-Wolle gestrickt ist. Und noch eine Besonderheit: Ein Islandpullover wird mit einer langen Rundnadel in einem Stück gestrickt, die Ärmel setzen am Halsausschnitt an. Dadurch unterscheidet er sich vom Norwegerpullover, der aus glattem Vorder- und Rückteil sowie angesetzten Ärmeln besteht und mit normalen Nadeln gestrickt wird.

◄ Wer schon alles hat, freut sich sicherlich
über einen Papageitaucher …

Die traditionellen isländischen Pulloverfarben sind verschiedene Braun-
töne und Weiß. Dies hatte früher einen ganz praktischen Grund: Man
brauchte die Wolle nicht zu färben. Mittlerweile gibt es die »lopapeysa«
allerdings auch in kräftigen Farben. Wolle wurde in Island zwar schon
immer zu Kleidung verarbeitet, doch der klassische Islandpullover, so
wie wir ihn heute kennen, ist eine relativ neue Erfindung aus den 1920er-
Jahren. Neben Pullovern werden natürlich auch noch Schals, Mützen
und Handschuhe aus der warmen Wolle gefertigt. Überhaupt gibt es –
nicht nur aus Wolle – sehr schicke, ausgefallene Kleidungsstücke im
eher schlichten nordischen Designerstil mit witzigen Schnitten und über-
raschenden Effekten. Die Bandbreite reicht vom Abendkleid über Hosen-
anzüge und Blusen bis zum Wintermantel.

## ORIGINELLE DESIGNERSTÜCKE

In Island hat sich eine kleine, unabhängige Designerszene etabliert. Vor
allem in Reykjavík gibt es einige edle Fashion- und Designerläden, die
Schmuck, Kleidung und Haushaltsgegenstände mit originellem Touch
anbieten. Außerhalb der Hauptstadt sind die Einkaufsmöglichkeiten jedoch sehr begrenzt.
Standardsouvenirs sind Trolle in allen Größen und Papageitaucher, wobei es anscheinend nichts gibt, was sich nicht mit dem Motiv der putzigen
Vögel verzieren lässt. Wie wäre es, statt Troll oder Papageitaucher eine
CD mit isländischer **Musik** nach Hause zu bringen? Dass Björk und Sigur
Rós gute Musik machen, ist mittlerweile auch außerhalb Islands bekannt,
aber auch Islandica, Amiina, Megas, Stuðmen, GusGus, Hjálmar, Emi-
liana Torrini oder Gísli Pálmi sind eine Hörprobe wert.

## TAX-FREE-EINKAUF

Schnäppchen wird man in Island kaum finden, doch Touristen bekommen für bestimmte Waren auf Antrag die Mehrwertsteuer erstattet. Es
lohnt sich also, auf Läden mit dem Tax-Free-Logo zu achten und beim
Bezahlen darauf hinzuweisen. Die Erstattung beträgt bis zu 15 Prozent
des Einzelhandelspreises, wenn man nicht später als drei Monate nach
dem Kauf ausreist. Pro Kassenbon muss der Einkaufswert mindestens
4000 ISK betragen, außer Wollwaren muss alles vor dem Einchecken am
Zoll vorgezeigt werden.

## BESONDERE EMPFEHLUNGEN
### KOSMETIK
**Blue Lagoon Skin Care**  🛥 B 5

Ein Bad in der Blauen Lagune ist nicht nur entspannend und wohltuend, es hat auch einen durch wissenschaftliche Studien nachgewiesenen positiven Effekt auf entzündliche Hautkrankheiten, Schuppenflechte und Neurodermitis. Überprüft und bewertet wurden die klinischen Effekte und die Verträglichkeit des Blue Lagoon Purifying Shampoos (Schuppen-Shampoo), der Blue Lagoon Moisturizing Cream (Feuchtigkeitscreme) und der Blue Lagoon Intensiv Cream (Intensivcreme). Für diesen Effekt sind Kieselsäuregel, geothermale Mineralsalze und blaugrüne Algen verantwortlich, die in dieser Kombination entschuppend und entzündungshemmend wirken. Alle Produkte sind im Skin Care Shop der Blauen Lagune (tgl. 10–21 Uhr) oder online erhältlich.

Grindavík | Tel. 4 20 88 00 | www.bluelagoon.com | Shop 10–21 Uhr

### MODE
**Álafoss**  🛥 C 5

1896 begann in Álafoss die maschinelle Wollverarbeitung, der nahe Wasserfall trieb damals die Maschinen an. Heute beherbergt der ehemalige Industriestandort einen großen Laden mit Wollprodukten und Souvenirs, eine Galerie und ein Restaurant. Neben Pullovern, Mützen, Handschuhen und Schals erfreuen sich die mollig warmen Wolldecken und Hausschuhe aus Lammfell großer Beliebtheit. Wer selber stricken möchte, findet eine große Wollauswahl und mehrere Bücher mit Mustervorlagen für einen echten isländischen

»lopapeysa«. Eine kleinere Filiale befindet sich im Zentrum von Reykjavík (Laugavegur 8, tgl. 10–18 Uhr).

Mosfellsbær | Álafossvegur 23 | Tel. 5 66 63 03 | www.alafoss.is | Mo–Fr 9–18, Sa 9–16 Uhr

**Farmers Market**  ▶ Klappe hinten, a 1

Das Label wurde vor rund zehn Jahren von der isländischen Designerin Bergþóra Guðnadóttir und ihrem Freund gegründet. Mittlerweile verkaufen sie ihre Kollektion selbst in Japan und in den USA. Ihr Credo ist nordisches Design, kombiniert mit modernem Chic, ihre Kreationen sind sowohl für Outdoor-Aktivitäten als auch für den Stadtbummel geeignet. Sie verwenden fast ausschließlich natürliche Materialien von isländischer Wolle über Merinowolle aus Australien bis hin zu gewachster Baumwolle aus England. Außerdem legen sie großen Wert auf nachhaltige Produktionsmethoden.

Reykjavík | Farmers & Friends | Hólmaslóð 2 | Tel. 5 52 19 60 | www.farmersmarket.is

**Handprjónasamband Íslands**
▶ Klappe hinten, c 3

Rund 200 Frauen haben sich zur Kooperative der isländischen Strickerinnen zusammengeschlossen und vermarkten ihre Ware gemeinsam. Nirgendwo sonst gibt es eine solch große Auswahl an Islandpullovern, sie stapeln sich in allen Farben und Größen auf Regalen vom Fußboden bis zur Decke. Natürlich gibt es auch eine gute Auswahl an Mützen, Schals und Handschuhen. Und auch wer lieber selbst stricken möchte, findet hier garantiert die passende Wolle.

Einkaufen | 37

Reykjavík | Skólavörðustígur 19 | Tel. 5 52 18 90 | www.handknit.is | Mo–Sa 9–18, So 10–18 Uhr

### Icewear ▶ Klappe hinten, östl. f 3

Hier gibt es Outdoor-Kleidung in bester Qualität, wobei der Begriff »Outdoor« von Icewear recht weit gefasst wird. Denn neben Windjacken, Daunenjacken, Fleece und Unterwäsche sind auch die typischen Norwegerpullover und isländischen »lopapeysa« im Angebot. Neben dem Hauptgeschäft gibt es noch Läden im Zentrum von Reykjavík (Þingholtsstræti 2–4, Mo–Sa 10–18, So 11–18 Uhr) und in Vík í Mýrdal (Austurvegi 20, tgl. 7.30–22.30 Uhr). In Vík wird ein Großteil der Kollektion gefertigt.
Reykjavík | Fákafen 9 | Tel. 5 68 74 50 | www.icewear.is | Mo–Sa 10–18 Uhr

### Kraum ▶ Klappe hinten, b 2

Das dunkle Holzhaus stammt aus der Mitte des 17. Jh. und gehört damit zu den ältesten Gebäuden Reykjavíks. Heute werden hier Kreationen von rund 100 isländischen Designern zum Verkauf angeboten. Darunter Wollwaren, Schmuck und Haushaltsgegenstände, Schuhe, Taschen, Geldbörsen und Lampen aus Fischhaut oder Möbel aus Treibholz. Kraum wirkt zwar auf den ersten Blick relativ klein, doch wer sich Zeit zum Stöbern nimmt, erhält einem guten Überblick über die isländische Designszene.
Reykjavík | Aðalstræti 10 | Tel. 5 17 77 97 | www.kraum.is | Mo–Fr 9–18, Sa 10–17, So 12–17 Uhr

Weitere Geschäfte und Märkte finden Sie im Kapitel ISLAND ERKUNDEN.

Icewear (▶ S. 37) lässt vor allem in Island fertigen und vertreibt Outdoor-Kleidung und isländische Wollprodukte wie diesen »lopapeysa« in mehreren Läden und online.

# SPORT UND AKTIVITÄTEN

*Die Natur der dünn besiedelten Insel ist grandios und lädt zu vielfältigen Freiluftaktivitäten ein. Ein Bad in einem Hot Pot, Wanderungen durch bizarre Vulkanlandschaften oder eine Partie Golf unter der Mitternachtssonne sind nur einige der Möglichkeiten.*

Schwimmen ist der Volkssport schlechthin in Island. Allein in Reykjavík gibt es sieben Schwimmbäder, die schon früh am Morgen öffnen. Auch in jedem noch so kleinen Dorf gibt es eine Badeanstalt. Der Volkssport spielt sich fast ausschließlich unter freiem Himmel ab, Hallenbäder sind in Island so gut wie unbekannt. Wenn das Wetter auch noch so garstig ist, ob es stürmt, regnet oder schneit, der typische Isländer lässt sich von einem Schwimmbadbesuch nicht abhalten. Bei uns wird das Wasser im Schwimmbecken auf rund 20 °C geheizt, in Island sind es dagegen um die 30 °C. Außerdem gibt es in jedem Bad noch mindestens zwei **Hot Pots**, die mit wohligen 38 bis 42 °C locken. Wenn man es genau nimmt, ist allerdings nicht Schwimmen der Volkssport, sondern eher das Sitzen im Heißen Topf, denn die olympischen Disziplinen Brust, Rücken und Schmetterling werden doch eher selten praktiziert.

◄ Wanderer auf einer Sanderfläche unterhalb des Mýrdalsjökull (► S. 108).

Dieses genüssliche Sitzen im heißen Wasser liebte wohl auch schon Snorri Sturluson (1179–1241), Geschichtsschreiber, Staatsmann und einer der mächtigsten Männer seiner Zeit. Seinen Heißen Topf Snorralaug hat man mittlerweile in Reykholt rekonstruiert. Der Aufenthalt im Hot Pot dient aber nicht nur dazu, sich aufzuwärmen und vielleicht zu vergessen, dass man nie, wie in südlicheren Gefilden, im Meer baden kann, er erfüllt auch eine soziale Funktion. Kneipen, Bars und ähnliche Treffpunkte gibt es außerhalb von Reykjavík nur höchst selten. So ist es durchaus zutreffend, dass der Engländer, wenn er Gesellschaft sucht, in den Pub geht, der Finne in der Sauna schwitzt und schweigt und der Isländer über Gott und die Welt redet bis zum Hals im heißen Wasser.

## WASSER – HAUPTSACHE WARM

Mittlerweile hat es sich auch unter Islandbesuchern herumgesprochen, wie gut ein Bad unter freiem Himmel im wohlig warmen Wasser tut, denn die Bláa Lonið, die **Blaue Lagune** ⭐, zählt inzwischen zu den meistbesuchten isländischen Sehenswürdigkeiten. Ein ganz besonderes Erlebnis ist ein Bad in einem der natürlichen Hot Pots, die oft gar nicht so leicht zu finden und manchmal sogar erst nach einem längeren Fußmarsch zu erreichen sind. Die Mühe lohnt jedoch in jedem Fall, denn oft ganz allein im Hot Pot zu sitzen und einen faszinierenden Blick aufs Meer oder die Berge zu genießen, gehört zu den unvergesslichen Erlebnissen.

### ANGELN

Die gute Nachricht: Die isländischen Flüsse sind reich an Lachsen, Forellen und Saiblingen. Die schlechte Nachricht: Das Angeln in Flüssen ist reglementiert und in guten Lachsflüssen ein teures Vergnügen. Um in Binnengewässern zu angeln, benötigt man eine Angelerlaubnis (»veiðileyfi«), die für Forellenflüsse ab ca. 4000 ISK pro Tag kostet. Mit der Angelkarte (»veiðikortið«) kann man eine ganze Saison lang in 36 Seen für 6900 ISK angeln, sie gibt es an allen N1- und Olis Tankstellen, bei der Post und in Geschäften für Anglerbedarf (www.veidikortid.is).

Wer in den Lachsflüssen sein Glück probieren möchte, muss mit mehreren Hundert Euro pro Tag rechnen und sich rechtzeitig anmelden. Die meisten guten Lachsflüsse liegen im Norden. Kostenlos hingegen ist das Angeln an der Küste und auf See.

Wer seine Angelausrüstung aus Deutschland mitbringt, muss sie bei der Einreise desinfizieren lassen.

## 40 | ISLAND ERLEBEN

### Landssamband veiðifélaga

▶ Klappe hinten, b 5

Der Verband der isländischen Fluss-besitzer gibt auf seiner Website detail-lierte Angelinfos.

Reykjavík | Bændahöllinni, Hagatorgi | Tel. 5 63 03 00 | www.angling.is

### GOLF

Golf zählt zu den beliebtesten Sport-arten, rund 15 000 Isländer sind Mit-glied eines Golfclubs. Es gibt fünf-zehn 18-Loch-Golfplätze und fünfzig 9-Loch-Golfplätze, die meisten liegen im Großraum Reykjavík sowie im Süden und Westen der Insel. Spieler er-freuen sich an Ausblicken auf Berge, Meer oder Gletscher. Die Golfsaison dauert von Ende Mai bis Mitte Sep-tember, wobei die hellen Nächte einen besonderen Reiz ausüben. Alle Plätze können von Gästen bespielt werden, das Ausleihen von Ausrüstung ist in der Regel möglich.

### Golfklúbbur Akureyrar          E 3

Auf Islands bekanntestem Golfplatz werden alljährlich die Arctic Open Golf Championships mit internationa-ler Beteiligung ausgetragen. Auf dem nördlichsten 18-Loch-Golfplatz spielt man im Sommer im Licht der Mitter-nachtssonne.

Akureyri | Jaðarvöllur | Tel. 4 62 29 74 | www.gagolf.is

### Grindavík Golf Club          B 5

In der Nähe der Blauen Lagune. Der Golfplatz liegt auf zwei Kontinental-platten. Den Abschlag macht man auf der amerikanischen Platte und geputtet wird auf der eurasischen Platte.

Grindavík | Húsatóftir | Tel. 4 26 87 20

### Vestmannaeyjar Golf Club          D 6

Traditionsreicher Golfplatz im Her-jólfsdalur auf der Hauptinsel der West-männerinseln. Die Lage in einem ehemaligen Vulkankrater macht den Golfplatz zu einem der weltweit spek-takulärsten. Anfang Juli werden hier die Vulcano Open Championships aus-getragen.

Heinmaey | Tel. 4 81 23 63 | http:// golficeland.org/introduction/vestman-island-golf-course.html

### MARATHON

Warum nicht den Islandurlaub mit einem Marathonlauf verbinden? Jedes Jahr Ende August geht es durch die Straßen von Reykjavík. Wer sich nicht ganz so fit fühlt, kann stattdessen den Halbmarathon oder die 10 km laufen. Eine besondere Herausforderung ist der Laugavegur Ultra Marathon Mitte Juli über anspruchsvolle 55 km. Start ist in Landmannalaugar im Hochland, Ziel in þórsmörk.

www.marathon.is

### OUTDOOR

Auch wer sonst gerne auf eigene Faust unterwegs ist, wird in Island häufiger auf organisierte Touren zurückgreifen, denn oft ist schon die Anfahrt nur mit einem Allradfahrzeug möglich. Ange-boten werden: Wanderungen, Rafting, Gletscherwanderungen, Kajaktouren, Schneemobilfahren, Schnorcheln, Tau-chen, Höhlentouren und vieles mehr.

### Adventure Tours          ▶ Klappe hinten, d 2

Seit 30 Jahren umfangreiches Outdoor-Programm.

Reykjavík | Laugavegur 11 | www. adventures.is | Tel. 5 62 70 00

Sport und Aktivitäten | 41

### Reykjavík Excursions
▶ Klappe hinten, d 4

Umfangreiches, ganzjähriges Tourenprogramm im Angebot. Abfahrt von Reykjavík, Zustieg in der Regel unterwegs möglich.
Reykjavík | BSÍ Bus Terminal | Tel. 5 80 54 00 | www.re.is

### Saga Travel
E 3

Hauptsächlich Unternehmungen in Nordisland, aber auch Vulkantouren und Ausflüge ab Reykjavík.
Akureyri | Kaupvangstræti 4 | Tel. 5 58 88 88 | www.sagatravel.is

### West Tours
B 2

Der Spezialist für Unternehmungen in den Westfjorden.
Ísafjörður | Aðalstræti 7 | Tel. 4 56 51 11 | www.westtours.is

## RADFAHREN

Mountainbikes für kürzere Touren können in Reykjavík und einigen anderen Orten ausgeliehen werden. Auch organisierte Touren sind möglich. Wer eine größere Unternehmung plant, sollte besser sein eigenes Rad mitbringen. So die isländische Landschaft zu erleben ist faszinierend, doch eine längere Radreise setzt Erfahrung und eine gute Ausrüstung voraus. Die Umrundung der Insel auf der Ringstraße ist rund 1500 km lang. Die Straße ist zwar fast durchgehend asphaltiert, aber es gibt keinen Radweg und der Autoverkehr ist mittlerweile über weite Strecken störend. Abseits der Ringstraße fährt man fast immer auf Schotterstraßen. Auf heftigen Wind und längeren Regen sollte man auch vorbereitet sein. Werkzeug und Ersatzteile

Die Gletscherlagune Jökulsárlón (▶ MERIAN TopTen, S. 110) vom Mountainbike aus zu erleben ist eindrucksvoll, aber auch eine Wanderung entlang der Lagune bietet neue Perspektiven.

Die meist gutmütigen, wenn auch manchmal eigensinnigen Islandpferde (▶ S. 42) eignen sich auch gut für Ausritte der ganzen Familie, für Anfänger und Fortgeschrittene.

sind unbedingt mitzunehmen, denn außerhalb von Reykjavík existiert praktisch keine Infrastruktur für Radfahrer. Die auf der Ringstraße verkehrenden Linienbusse nehmen auch Fahrräder mit – allerdings nur, wenn genügend Platz vorhanden ist. Wer eine Hochlanddurchquerung plant, hat eine sehr anspruchsvolle Tour vor sich. Nur auf der Kjölur-Route sind alle Flüsse überbrückt.

### Fjallahjólaklúbburinn

▶ Klappe hinten, a 3

Sehr hilfreich zur Vorbereitung größerer Touren ist die Website des Isländischen Mountain Bike Club. Die aktuellen Öffnungszeiten des Clubhauses erfährt man auf der Website.

Reykjavík | Brekkustígur 2 | Tel. 5 62 00 99 | www.fjallahjolaklubburinn.is

### Reykjavik Bike Tours & Bike Rental

▶ Klappe hinten, a 2

Fahrradverleih und geführte Touren: in Reykjavík, außerdem rund um den See Þingvallavatn oder den Golden Circle mit dem Rad.

Reykjavík | Ægisgarður 7 | Old Harbour | Tel. 6 94 89 56 | www.icelandbike.com

## REITEN

Ohne Islandpferde wäre eine Besiedlung der Insel wohl kaum möglich gewesen. So gehören die kleinen, zähen Pferde seit Jahrhunderten zum Bild Islands. Viele behaupten deshalb, dass nur, wer die Landschaft auf dem Pferderücken erlebt hat, Island wirklich kennt. Entsprechend vielfältig sind die Möglichkeiten sowohl für Anfänger als auch für Fortgeschrittene. Bei

Icelandic Farm Holidays sind alle Höfe aufgelistet, die Reiturlaub anbieten (www.farmholidays.is). Falls Sie Reitausrüstung mitbringen, muss diese vor der Einreise desinfiziert werden. Zwei große Veranstalter von Reittouren mit vielfältigen Angeboten sind:

### Eldhestar      ⚑ C 5

Hveragerði | Völlum | Tel. 4 80 48 00 | www.eldhestar.is

### Íshestar      ⚑ C 5

Hafnarfjörður | Sörlaskeið 26 | Tel. 5 55 70 00 | www.ishestar.is

## SCHWIMMEN

### Strände

Bei Wassertemperaturen von 8–10 °C wagen sich nur ganz wenige ins Meer und das auch nur für kaum mehr als eine Minute. Nichtsdestotrotz gibt es auf Island eine ganze Reihe von sehenswerten Stränden, die zu Spaziergängen einladen. In den Westfjorden liegen die schönsten hellen Sandstrände: die weitläufige Bucht Breidavík in der Nähe des Vogelfelsens Látrabjarg sowie der rötlich schimmernde Rauðasandur. Ebenso lohnt der Sandstrand von Skarðsvík an der Spitze der Halbinsel Snæfellsnes einen Besuch. Ganz anders, aber nicht minder faszinierend, sind die dunklen Strände vulkanischen Ursprungs bei Vík i Myrdal und am Kap Dyrhólaey.

### Vatnavinir

2008 hat sich eine Gruppe Architekten, Designer, Philosophen und Marketing-Experten zusammengefunden und das Projekt Vatnavinir – Wasserfreunde – ins Leben gerufen. Die Gruppe hat auf ihrer Website eine ganze Reihe von natürlichen Hot Pots und warmen Quellen in den Westfjorden aufgelistet, die Badevergnügen versprechen.

www.vatnavinir.is

## TAUCHEN

Island ist ein kaum bekanntes Tauchrevier. Zwei der spektakulärsten Ziele sind die Silfra-Spalte im Þingvellir-Nationalpark (▶ S. 71) und die heißes Wasser ausspeienden Vulkankegel im Eyafjörður. Wer das Tauchen im Trockenanzug beherrscht und mindestens zehn Tauchgänge gemacht hat, kann sich unter www.dive.is, www.dive iceland.com und www.scubaiceland.is über Tauchtouren informieren.

## WANDERN

Packen Sie auf alle Fälle feste Schuhe ein, die auch scharfkantiger Lava gewachsen sind. Denn ein Stück laufen müssen Sie in jedem Fall, und sei es auch nur zum Wasserfall, durch das Hochtemperaturgebiet, zur Gletscherzunge oder auf den kleinen Aussichtsberg. Der Klassiker unter den Mehrtageswanderungen ist der Laugavegur. Auch Wanderungen durch das Þórsmörk-Tal sind sehr beliebt.

### Ferðafélag Íslands

▶ Klappe hinten, östl. f 6

Der isländische Wanderverein betreibt landesweit Hütten und Campingplätze, veranstaltet geführte Touren und bietet auf seiner Webseite gute Infos an. Hütten können reserviert werden, für beliebte Unternehmungen wie den Laugavegur ist dies dringend anzuraten.

Reykjavík | Mörkin 6 | Tel. 5 68 25 33 | www.fi.is

# FESTE FEIERN

*Auch in Island gehören Musik, Essen und farbenfrohe Umzüge zu Festen wie dem Þorrablót. Gefeiert wird nicht nur im Sommer mit Tageslicht fast rund um die Uhr, sondern auch im lichtarmen Winter. So kann man die dunklen Tage erträglicher machen.*

Zauberwesen, **Elfen** und **Kobolde** sind in den Köpfen der Isländer allgegenwärtig. Auch der Glaube an die nordische Mythologie sowie das Zelebrieren alter isländischer Legenden sind weit verbreitet. So ist es nicht verwunderlich, dass auch Weihnachten etwas anders als bei uns gefeiert wird. Noch durchaus gewohnt beginnen die Weihnachtsvorbereitungen in Reykjavík schon Ende November mit der Eröffnung des traditionellen Weihnachtsmarktes und dem Aufstellen des Tannenbaumes auf dem Austurvöllur-Platz.

Doch in Island ist der Weihnachtsmann kein gutmütiger, älterer Herr mit weißem Bart und rot-weißer Mütze, sondern kommt in Gestalt von dreizehn frechen **Trollen** in die gute Stube. Die »jólasveinar«, was übersetzt so viel wie Weihnachtskerle bedeutet, stibitzen Nahrung, treiben Schabernack und wohnen der Legende nach in einem Lavafeld am See

◄ Im November erhellt das Iceland Airwaves
Festival (► S. 47) die Dunkelheit.

**Mývatn** ⭐. Die dreizehn Trolle sind die Söhne des Riesen-Ehepaares Grýla und Leppalúði und tragen vielversprechende, interessante Namen wie Giljagaur (der Milchrahmdieb), Þvörusleikir (der Kochlöffelschlecker) oder Hurðaskellir (der Türknaller). Zwischen dem 12. und dem 24. Dezember treiben die Trolle allerlei Unfug, legen Kindern aber auch jeden Tag kleine Gaben in die Schuhe. Für die Artigen gibt es Süßes, für die Unartigen auch schon mal eine Kartoffel. Bis zum Dreikönigstag verschwinden die Trolle mitsamt ihren riesigen Eltern wieder einer nach dem anderen.

## RIESEN, TROLLE UND WEIHNACHTSKATZEN

Eine Legende besagt, dass die schaurige Riesendame Grýla in der Weihnachtsnacht ihre grausame schwarze Katze losschickte, um alle faulen Menschen zu fressen. Jólaköttur, so heißt die böse Weihnachtskatze, holt sich jeden, der nicht fleißig war und es nicht geschafft hat, die Wolle bis zum Winter zu Kleidung zu verarbeiten. Deshalb tragen die meisten Isländer am Heiligen Abend zum Beweis des Fleißes neu gekaufte Sachen. In Island gibt es nur wenige Bäume, deshalb hat man sich früher Weihnachtsbäume aus Holz gebastelt und sie grün angemalt. Mittlerweile kommen zwar echte Weihnachtsbäume vom Festland, doch viele Familien halten noch an der alten Tradition fest.

Zu einem stimmungsvollen Weihnachtsfest gehört natürlich auch ein gutes Essen. Wer es traditionell mag, serviert Schneehühner, geräucherte Würste, Reisbrei mit Mandeln, würzige Plätzchen oder Laufabrauð, ein mit kunstvollen Schneeflockenmotiven verziertes dünnes Brot.

### JANUAR

#### Þorrablót

Beim Mittwinterfest, das auf heidnische Bräuche zurückgeht und nach dem alten Nordischen Kalender gefeiert wird, gibt es viel Gesang und Tanz. Ganz wichtig sind auch traditionelle Wikinger-Speisen wie geräuchertes Lammfleisch, Stockfisch und »rugbraud«, ein im heißen Erdboden gebackenes Roggenbrot. »Brennivin« darf natürlich auch nicht fehlen. Viele Restaurants bieten während des Festes traditionelle Speisen an.
Ende Januar–Ende Februar

### FEBRUAR

#### Vetrarhátíð, Reykjavík

Beim Winter-Licht-Festival erhellen Illuminationen den Nachthimmel,

Künstler interpretieren alte Volks-
sagen und im Zoo erfahren Gäste,
was Tiere im Dunkeln genau sehen.
An diesem Festival beteiligen sich
Galerien, Restaurants, Museen und
sogar Schwimmbäder.
5.–14. Februar
www.vetrarhatid.is

### Food & Fun Festival, Reykjavík

Internationale Küchenchefs zaubern
aus frischen isländischen Zutaten ein
besonderes Menü, das während der
Festival-Woche in den teilnehmenden
Restaurants angeboten wird. An drei
Tagen stehen die renommierten Köche
dabei am Herd, bevor sie am letzten
Festivaltag in einem Wettbewerb gegeneinander antreten.
25. Februar–1. März
www.foodandfun.is

## MÄRZ

### Reykjavík Fashion Festival

In diesen Tagen präsentieren sich
isländische Modedesigner, die sonst
nicht so im Rampenlicht stehen, einem
nationalen und internationalen Publikum. Gezeigt werden die spannen-
den Entwürfe an verschiedenen Orten
der isländischen Hauptstadt wie der
Konzerthalle Harpa, der legendären
Boutique »Kiosk« oder einem Pop-up-
Store an der quirligen Hauptstraße
Laugavegur.
27.–30. März
www.rff.is

## APRIL

### Ostern

Das Osterfest bildet mit vielen Kon-
zerten einen der musikalischen Höhe-
punkte des Jahres. Auf dem häuslichen
Frühstückstisch liegen große Praliné-
Eier und zur Feier des Tages gibt es
Lammbraten.

### Sumardagurinn Fyrsti

In Island gibt es nach dem alten skandinavischen Kalender nur zwei Jahreszeiten: Sommer und Winter. Daher
wird der erste Sommertag schon im
April gefeiert. Auch wenn das Wetter
vielleicht noch nicht mitspielt, zieht es
alle nach draußen, die Flaggen werden
aufgezogen und es wird fast wie im
Karneval gefeiert.
Erster Donnerstag nach dem 18. April

## MAI

### Reykjavík Arts Festival

Seit seiner Gründung 1970 gilt das
Festival als das führende Kunstevent
der Vulkaninsel. Auf dem Programm
stehen unzählige Ausstellungen und
Veranstaltungen zu den verschiedenen
Facetten der modernen Kunst – von
Konzerten und Tanz bis zu Theater
und Oper.
22. Mai–5. Juni
http://en.listahatid.is

## JUNI

### Sjómannadagur

In vielen Fischerdörfern ist der See-
mannstag das wichtigste Ereignis des
Jahres. Alle Fischerboote bleiben im
Hafen und die Mannschaften feiern
mit ihren Familien und Besuchern.
Eine große Feier mit Fährfahrten, An-
geltouren und Segelwettbewerben fin-
det im West Harbour von Reykjavík
statt. Feierlichkeiten gibt es auch in
Bolungarvík und Patreksfjörður in den
Westfjorden sowie in Grindavík.
Erster Sonntag im Juni

## Feste feiern | 47

### Unabhängigkeitstag

Am Geburtstag des Freiheitskämpfers Jón Sigurdsson wird mit farbenprächtigen Umzügen, festlichen Reden, Musik und Tanz gefeiert. Besonders bunt sind die Feiern in Reykjavík.

17. Juni

### Mittsommer

Wie überall im Norden feiern auch die Isländer den längsten Tag des Jahres. Das fröhliche Fest wird vor allem auf dem Land mit Tanz und Musik rund um das Mittsommerfeuer begangen.

Zwischen 21. und 24. Juni

### Landsmót Hestamanna

Beim Pferdefest öffnen Gestüte und Reiterhöfe ihre Tore und Stalltüren. Von Zuchtschauen bis zum Sattelmachen stehen Events rund um das Islandpferd auf dem Programm. Das Fest findet zweijährlich in wechselnden Regionen statt, das nächste Mal 2016.

Voraus. Ende Juni, Skagafjördur
www.landsmot.is

### AUGUST

#### Reykjavík Pride

Während der sechstägigen Veranstaltung feiert die schwul-lesbische Szene mit einer Vielzahl von Konzerten, Tanzveranstaltungen und Ausstellungen. Der Höhepunkt ist die spektakuläre Parade am Schlusstag durch das Zentrum der Hauptstadt.

5.–10. August
www.gaypride.is, www.reykjavikpride.com

#### Fiskidagurinn Mikli, Dalvík

Während einer Woche im Jahr platzt das kleine Örtchen Dalvík aus allen Nähten. Denn dann strömen bis zu 70 000 Besucher zum Fischfest. Im Hafen wird ein großes Meeresfrüchte- und Fischbuffet aufgebaut – Unterhaltungsprogramm, Tanz und Feuerwerk inklusive.

Zweites Augustwochenende

### Reykjavík Culture Night

Mit dem Zieleinlauf der letzten Teilnehmer des Marathons beginnt in der Hauptstadt die Culture Night. Außer Museen und Theatern werden auch Straßen und Plätze zu kulturellen Orten. 600 Veranstaltungen machen die Kulturnacht zur größten und beliebtesten Veranstaltung Islands.

Dritter Samstag im August

### SEPTEMBER

#### Rettir

Nachdem die Tiere den Sommer frei das Hochland durchstreift haben, treiben Bauern und Züchter ihre Schafe und Islandpferde gemeinsam in die Winterquartiere. Während der Abtrieb für die Bauern eine ernste Angelegenheit ist, ist das Event für Besucher ein riesiges Vergnügen. Nach dem Zusammentrieb der Tiere wird gemeinsam gefeiert, mit traditionellen Liedern und Tänzen.

Anfang September–Anfang Oktober

### NOVEMBER

#### Iceland Airwaves, Reykjavík

Islands bekanntestes Musikevent hat fast schon legendären Status, seit es 1999 erstmals stattfand. Mit neuen Gruppen aus den USA, Island und Europa und begeisterten Besuchern aus der ganzen Welt.

4.–8. November 2015

# MIT ALLEN SINNEN
## Island spüren & erleben

*Reisen – das bedeutet aufregende Gerüche und neue Geschmackserlebnisse, intensive Farben, unbekannte Klänge und unerwartete Einsichten; denn unterwegs ist Ihr Geist auf besondere Art und Weise geschärft. Also, lassen Sie sich mit unseren Empfehlungen auf das Leben vor Ort ein, fordern Sie Ihre Sinne heraus und erleben Sie Inspiration. Es wird Ihnen unter die Haut gehen!*

◀ Gänsehautfeeling inklusive: die Tour ins Innere eines Vulkans (▶ S. 50).

## ESSEN UND TRINKEN

### Meet the locals   H3

Wollten Sie immer schon wissen, wie es bei den Isländern zu Hause aussieht? Dann ist diese Einladung zum Dinner über Tanni Travel genau das Richtige. Lassen Sie sich überraschen, was Ihre Gastgeber zu erzählen haben und vor allem, was sie auftischen. Vorzügliches

Lamm oder ebensolcher Fisch sind mit ziemlicher Sicherheit dabei. Wahrscheinlich kommt aber auch das eine oder andere Traditionsgericht auf den Tisch, an das sich Auge und Gaumen vielleicht gewöhnen müssen.
Eskifjörður | Strandgata 14 | Tel. 4 76 13 99 | www.meetthelocals.is | 13 500 ISK

## KULTUR UND UNTERHALTUNG

### Haimuseum Bjarnarhöfn   B3

Das kleine Museum an der Nordküste der Halbinsel Snæfellsnes ist vollgestopft mit allerlei Utensilien zum Fischfang. Außerdem informiert es darüber, wie aus dem eigentlich ungenießbaren Grönlandhai ein Lebensmittel wird, das dann zwar immer noch sehr gewöhnungsbedürftig schmeckt, aber einen nicht mehr umbringt. Haie besitzen keine Nieren, ihr Fleisch ist deshalb wegen des hohen Ammoniakgehaltes giftig. Erst wenn der Hai wochenlang eingegraben, gewässert und dann getrocknet wird, kann man ihn essen – der intensive Ammoniakgeruch bleibt jedoch. »Hákarl« wird in kleine, weiße Würfel geschnitten und zusammen mit einem Stück Brot gegessen. Nur wenige Besucher nehmen mehr als einen Würfel. Auf dem Gelände befindet sich noch eine offene Hütte, in der die Haistücke zum Trocknen aufgehängt werden. Folgen Sie einfach Ihrer Nase, dann können Sie die Hütte nicht verfehlen.
Bjarnarhöfn | Tel. 4 38 15 81 | www.bjarnarhofn.is | tgl. 9–18 Uhr | Eintritt 1000 ISK

## AKTIVITÄTEN

### Abtauchen in der Silfra-Spalte   C5

Die Silfra-Spalte im Þingvellir-Nationalpark (▶ S. 71) bildet die Grenze zwischen der eurasischen und amerikanischen Kontinentalplatte und ist mit eiskaltem Gletscherwasser gefüllt. Wer hier schnorcheln oder tauchen möchte, muss sich warm anziehen, denn das Wasser hat das ganze Jahr über eine Temperatur von 2 °C. Mit warmer Unterwäsche zwängt man sich in den Dry Suit, zieht dann noch Handschuhe, Mütze, Taucherbrille, Schnorchel und Flossen an. Und trotzdem kriecht einem bald die Kälte in den Körper. Doch es lohnt sich, vor allem wenn die Sonne scheint. Denn dann fluoreszieren die fadenförmigen Algen an den Felsen in einem unwirklichen Grün.

50 | ISLAND ERLEBEN

Durch das unglaublich klare Wasser mit einer weltweit einmaligen Sichtweite von rund 100 m verliert man jegliches Gefühl für die Tiefe.
Reykjavík | The Sport Diving School of Iceland | Hólmaslóð 2 | Tel. 6 63 28 58 | www.dive.is | 15 990 ISK

### Schlammtöpfe und faule Eier  F3
Das Hochtemperaturgebiet Hverarönð an der Flanke des Berges **Námafjall** 8 ist eine viel besuchte Attraktion, doch es gibt genug Platz, um das Erlebnis mit allen Sinnen in Ruhe zu genie-

ßen. In Schlammtöpfen blubbert eine kochend heiße, graue Masse vor sich hin und wirft immer wieder Blasen. Überall gibt es Solfataren, aus denen fauchend und zischend Wasserdampf und Schwefelwasserstoff austreten. Schwefel und andere Mineralien überziehen die Landschaft mit kräftigen Gelb-, Orange- und Rottönen. Am Berghang führen mehrere markierte Wanderwege auf den Gipfel. Der Blick von oben auf die Schlammtöpfe ist äußerst lohnend, bei klarer Luft reicht er bis zum See Mývatn und zur Wüste Möðrudalsöræfi.
Hverarönð, Nähe Ringstraße

### Imagine Peace Tower
▶ Klappe hinten, nördl. f1

Jedes Jahr am 9. Oktober feiern die Menschen in Reykjavík John Lennons Geburtstag auf ganz besondere Art und Weise. Denn seine Witwe Yoko Ono hat sich diesen Tag ausgesucht, um persönlich in einer emotionalen Zeremonie den von ihr entworfenen »Imagine Peace Tower« auf der kleinen Insel Viðey vor der isländischen Hauptstadt einzuschalten. Bis zum 8. Dezember, dem Tag, an dem John Lennon 1980 in New York erschossen wurde, erhellt der Lichtstrahl aus dem »Wunschbrunnen« dann den Himmel von Sonnenuntergang bis Mitternacht. Selbst aus großer Entfernung ist der Lichtstrahl noch gut zu sehen, seine Intensität ändert sich mit dem Wetter. In einer wolkenlosen Nacht scheint er hell, bei Schneefall flimmert er.
Reykjavík, Insel Viðey

### Inside the Vulcano  C5
Die abenteuerliche »Reise zum Mittelpunkt der Erde«, die Jules Verne in der literarischen Fiktion 1864 beschrieb, wird in Island Wirklichkeit: Hier kann man das Innere eines Vulkans erkunden. Die Tour beginnt entweder mit einem Heli-Flug oder einer knapp einstündigen Wanderung durch die Blauen Berge (Bláfjöll) bis zum Vulkan Thrihnukagigur. Nach einem kurzen, steilen Stück ist die Öffnung der Magmakammer zu sehen. Über eine Brücke klettert man in einen Korb, den auch Fensterputzer an Hochhäusern benutzen. An Stahlseilen geht es dann 120 m in die Tiefe. Anfangs ist die Öffnung so eng, dass der Korb an den Wänden anstößt und mit den Händen

in Position gebracht werden muss. Dann weitet sich der Schlot zu einer riesigen, schwach beleuchteten Halle und der Korb schwebt langsam zum Grund der vor rund 4000 Jahren erloschenen Magmakammer. Die Wände werden von geschmolzenem und in bizarren Formen erstarrtem Gestein gebildet, das ein beeindruckendes Farbenspiel zeigt. Beim Blick nach oben ist die winzige Öffnung als heller Fleck zu sehen. Unten angekommen singt der Guide ein melancholisches isländisches Volkslied und erzeugt damit endgültig Gänsehautfeeling.
www.insidethevolcano.com | ab Hotels in Reykjavík, Dauer 5–6 Std. | 39 000 ISK bzw. 76 000 ISK inklusive Helikoptertransfer von Reykjavík

### Víðgelmir-Höhle  C4

Schon die Fahrt zur Höhle ist ein Erlebnis, denn es geht an den Wasserfällen Hraunfossar vorbei, die auf einer Länge von mehreren Hundert Metern unter der Lava hervorsprudeln. Danach fährt man weiter über den Hallmundarhraun, ein gewaltiges, rund 1000 Jahre altes Lavafeld bis zur Farm Fljótstunga. Hier beginnt die Wanderung zur größten Lavahöhle Islands. Víðgelmir steht unter Naturschutz und ist keine typische Touristenhöhle. Nach dem Abstieg über eine Metallleiter kraxelt man über große, teils glitschige Felsbrocken abwärts bis zum eigentlichen Eingang. Haben sich die Augen an die spärliche Beleuchtung gewöhnt, sind bizarre, teils farbige Lavaformationen zu sehen. Der Höhepunkt sind jedoch die Eisstalagmiten, die den Boden bedecken. Viele Isländer glauben, dass hier Elfen leben. In jedem Fall muss die Höhle Menschen schon lange in ihren Bann gezogen haben, denn im Innern wurden Artefakte aus der Wikingerzeit gefunden.
www.fljotstunga.is | Mai–Aug. tgl. Führungen 10, 12, 15, 17 Uhr, Dauer 1 Std. | 3000 ISK

Tauchen in der Silfra-Spalte (▶ S. 49) ist im Gletscherschmelzwasser trotz Tauchanzug ein kaltes Erlebnis, dafür taucht man aber zwischen zwei Kontinenten.

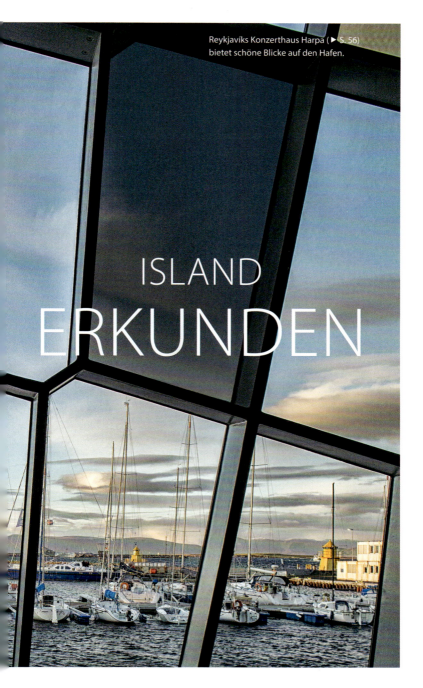

Reykjavíks Konzerthaus Harpa (▶ S. 56) bietet schöne Blicke auf den Hafen.

# ISLAND ERKUNDEN

# REYKJAVÍK UND UMGEBUNG

*Reykjavík ist das unbestrittene wirtschaftliche, kulturelle und politische Zentrum Islands und mittlerweile mit den Nachbarstädten Kópavogur, Garðabær und Hafnafjörður zusammengewachsen. Rund zwei Drittel der Isländer leben in der Hauptstadtregion.*

Die gesamte Reykjanes-Halbinsel liegt in einer aktiven Vulkanzone. Das hat immer wieder kleinere Erdbeben zur Folge, versorgt Reykjavík aber auch mit reichlich umweltfreundlicher Energie aus dem Erdinneren. So wird die gesamte Stadt schon seit mehr als 60 Jahren mit warmem Wasser aus mehreren Geothermalkraftwerken beheizt. Dies macht Reykjavík zur Hauptstadt mit der besten Luftqualität.

Die Stadt Reykjavík gibt es noch nicht lange, denn bis zum Zweiten Weltkrieg war sie bestenfalls ein großes Dorf. Einige wenige Häuser stammen noch aus der zweiten Hälfte des 18. Jh., doch das Gesicht Reykjavíks ist geprägt von modernen Bürotürmen und Apartmenthäusern, außerhalb des Zentrums wurden in den letzten Jahrzehnten immer mehr Vorstädte in die Lava gesetzt. Selbst in der relativ kleinen Altstadt zwischen Tjörnin-See und Meer mussten viele der alten mit Wellblech verkleideten

◀ Reykjavíks Innenstadt (▶ MERIAN TopTen, S. 55) im winterlichen Gewand.

Häuser modernen Neubauten weichen. Durch die Wirtschaftskrise ist der Bauboom für einige Jahre fast vollständig zum Stillstand gekommen, doch mittlerweile wird schon wieder gebaut, falls die Elfenbeauftragte, die das Bauamt der Stadt Reykjavík berät, sich nicht gegen ein Bauvorhaben ausspricht. Sie greift ein, wenn Kulturgut beschädigt werden würde – dazu gehören auch z. B. große Steine, die von Elfen bewohnt werden.

## VOM DORF ZUR PARTYHOCHBURG

Seit einigen Jahren steht Reykjavík im Ruf einer Partyhochburg. Im Vergleich zu den sehr ruhigen Städten und Dörfern im Rest des Landes trifft dies in jedem Fall zu. Doch wer feiern will, braucht viel Ausdauer, denn erst zu sehr fortgeschrittener Stunde verwandeln sich am Wochenende ansonsten ruhige Cafés und Restaurants in trendige Bars mit lauter Musik.

## ★ REYKJAVÍK  C5
Stadtplan ▶ Klappe hinten
121 000 Einwohner
(Hauptstadtregion ca. 211 000)

Die nördlichste Hauptstadt der Welt ragt ein gutes Stück in die weite Faxaflói-Bucht. Ihren Namen – Rauchbucht – verdankt die Stadt dem ersten Siedler Ingólfur Arnarson, denn er sah bei seiner Ankunft Rauchschwaden aufsteigen. Dem Wikinger hat man im Zentrum der Stadt ein Denkmal gesetzt, von dem er in stolzer Erobererpose hinaus aufs Meer schaut.

### SEHENSWERTES
#### ❶ Alter Hafen
Der Alte Hafen hat sich vom Fischerhafen zur Touristenmeile entwickelt. Hier starten die Walbeobachtungen, Radtouren und Stadtführungen, hier gibt es Museen und Geschäfte sowie mehrere Restaurants und Cafés. Auch die Baulücken im nördlichen Teil werden nach und nach geschlossen.

#### ❷ Dómkirkjan
Zwischen dem zentralen Platz Austurvöllur und dem Stadtteich Tjörnin erhebt sich die recht unscheinbare, neoklassizistische Kirche. Seit der Einweihung 1796 wurde der Bischofssitz mehrfach renoviert.
Lækjargata 14 a | www.domkirkjan.is | Juni–Sept. Mo–Fr 10–16.30, So Messe um 11 Uhr

#### ❸ Hallgrímskirkja
Auf einem Hügel in der Stadt bildet die Kirche mit ihrem 75 m hohen Turm ein

weithin sichtbares Wahrzeichen. Das 1986 zur 200-Jahr-Feier der Stadt eingeweihte Gotteshaus wurde nach dem Pfarrer und Dichter Hallgrímur Pétursson (1614–1674) benannt. Es wurde zu 60 % aus Spenden finanziert. Wie bei protestantischen Gotteshäusern üblich, ist der Innenraum hell und schlicht.

Die Vorderseite der Kirche bildet eine Reihe schlanker Betonsäulen, die vulkanischen Säulenbasalt symbolisieren sollen, ihre weiße Farbe ähnelt Gletschereis. Vor dem Eingang der Kirche erinnert auf einer Säule Leifur Eirikssons Skulptur daran, dass er Amerika schon rund 500 Jahre vor Kolumbus entdeckt hat.

Skólavörðustígur 101 | Tel. 5 10 10 00 | www.hallgrimskirkja.is | Kirche und Turm tgl. 9–17 Uhr | Turm Eintritt 700 ISK, 7–14 Jahre 100 ISK

### 4 Harpa

Das asymmetrisch-kubische Konferenzzentrum und Konzerthaus liegt direkt am Meer und wird für vielfältige Veranstaltungen genutzt. Hier haben aber auch Symphonieorchester und Oper ihre Spielstätte. Die ungewöhnliche Fassade, die wie ein gläsernes Puzzle wirkt, stammt von dem isländischen Künstler Olafur Eliasson. Angeblich sollen sich alle Fassadenteile in Form und Größe unterscheiden. Symbolträchtig und dabei sehr farbenstark wurden die vier Konzertsäle gestaltet: Eldborg ist rot und symbolisiert den Krater eines Vulkans, Silfurberg ist silbergrau wie ein doppelbrechender Kalkspat, Norðurljós ist blauviolett wie das Polarlicht und Kaldalón goldgelb wie eine eiskalte Bucht in den Westfjorden.

Austurbakki 2 | http://en.harpa.is, www.opera.is | Ticketschalter Mo–Fr 9–18, Sa, So 10–18 Uhr | Gebäude tgl. 8–24 Uhr

### 5 Höfði

In dem frei stehenden, repräsentativen weißen Holzhaus fand 1986 das legendäre Treffen von Ronald Reagan und Michail Gorbatschow statt, das praktisch den Kalten Krieg beendete. 1909 für einen französischen Konsul errichtet, nutzt die Stadt heute das Gebäude für Empfänge.

Borgartún

### 6 Ráðhús Reykjavíkur

Das moderne Rathaus in Betonarchitektur am Stadtteich Tjörnin beherbergt neben der Stadtverwaltung ein mehrere Quadratmeter großes Reliefmodell Islands, das einen guten Eindruck von der Geografie der Insel vermittelt. Vom Teich und dem ihn umgebenden Park mit zahlreichen Skulpturen sind es nur wenige Schritte in die Altstadt von Reykjavík.

Tjarnargata 11 | Mo–Fr 8–19, Sa, So 12–18 Uhr

### 7 Sólfar

Reykjavík ist voller Skulpturen, doch keine wird so häufig fotografiert wie der »Sonnenfahrer« von Jón Gunnar Árnason. Die skelettartige Metallskulptur liegt direkt am Meer und erinnert an ein Wikingerschiff. Sie regt die Fantasie an und glitzert in der Sonne; Meer und Berge im Hintergrund runden das beliebte Fotomotiv ab.

🕐 Das Denkmal funkelt besonders schön in der Abendsonne.

Sæbraut

## MUSEEN UND GALERIEN
MUSEEN
### Árbæjarsafn (Freilichtmuseum)
▶ Klappe hinten, östl. f 3

Der Grassodenhof Árbær, der sich bis ins 15. Jh. zurückverfolgen lässt, bildet den Kern des Freilichtmuseums, das 8 km östlich des Zentrums liegt. Ergänzt wurde der Hof durch historische Gebäude aus ganz Island, die zerlegt und hier wieder aufgebaut wurden. Zu sehen sind eine Kirche, Ställe, Scheunen, Schmieden und Bootshäuser. Das Innere der Häuser vermittelt einen guten Eindruck der damaligen Lebensbedingungen. Im Sommer werden in Werkstätten wie der Druckerei und der Buchbinderei alte Handwerke vorgeführt. Restaurant, Kramladen, Sonderausstellungen und Familienangebote runden den Besuch ab.

Kistuhyl 4 | Tel. 4 11 63 00 | www.minjasafnreykjavikur.is | Juni–Aug. tgl. 10–17, sonst nur geführte Touren tgl. 13 Uhr | Eintritt 1300 ISK, bis 18 Jahre frei

### Ásmunder Sveinsson Museum
▶ Klappe hinten, nordöstl. f 1

Ásmunder Sveinsson (1893–1982) war einer der ersten isländischen Künstler, der international wegen seiner eigenwilligen Skulpturen bekannt wurde. Sein ehemaliges Atelier im Laugardalur, ein strahlend weißer, von ihm selbst entworfener und von griechischer und türkischer Architektur beeinflusster Betonbau, dient heute als Museum und Skulpturengarten. Von den mehr als 400 Skulpturen, die nach seinem Tod in städtischen Besitz übergingen, werden hier die wichtigsten gezeigt, auch in der Stadt sind seine Skulpturen an

Die Skulptur Sólfar (▶ S. 56) soll ein Schiff symbolisieren, verherrlicht aber auch die Sonne. Sie wurde zum 200. Geburtstag der Stadt Reykjavík im Jahr 1986 enthüllt.

## 58 | ISLAND ERKUNDEN

prominenten Plätzen zu sehen. Im Gebäude und im Garten beeindrucken vor allem seine Frauenfiguren und sein abstraktes Spätwerk. Das Museum wurde 1983 eröffnet.

Sigtún 5 | Tel. 5 53 21 55 | www.artmuseum.is | Mai–Sept. tgl. 10–17, sonst Sa, So 13–17 Uhr | Eintritt 1300 ISK, bis 18 Jahre frei

### 8 Einar Jónsson Museum

Das von Einar Jónsson (1874–1954) selbst entworfene, markante Gebäude neben der Hallgrimskirche ist keiner Stilrichtung zuzuordnen. Im Innern sowie im Skulpturengarten sind seine eindringlichen, teils religiösen, teils mystischen Skulpturen aus Basalt, Marmor und Bronze sehen.

Eiriksgata | Tel. 5 61 37 97 | www.lej.is | Juni–Mitte Sept. Di–So 14–17, sonst Sa, So 13–17 Uhr, Dez. und Jan. geschl. | Eintritt 1000 ISK, bis 18 Jahre frei

### 9 Hafnarhús (Hafenhaus)

Vor der Umwandlung zum Kunstmuseum befand sich hier ein Lagerhaus. Die Ausstellungen beleuchten herausragende zeitgenössische Kunst aus dem In- und Ausland und widmen sich vor allem der experimentellen Kunst und dem avantgardistischem Medieneinsatz. Auch viele Werke des Popkünstlers Erro (geb. 1932) zwischen Surrealismus und Pop Art werden hier gezeigt. Das Hafnarhús wird zudem noch für vielfältige Veranstaltungen – von Rockkonzerten bis hin zu Dichterlesungen – genutzt.

Tryggvagata 17 | Tel. 5 90 12 00 | www.artmuseum.is | tgl. 10–17, Do bis 20 Uhr | Eintritt 1300 ISK, bis 18 Jahre frei

Das Museum Kjarvalsstaðir (▶ S. 59) stellt das Werk von Jóhannes S. Kjarval (1885–1972) aus. Wechselausstellungen zeigen vor allem Gemälde und Skulpturen anderer Künstler.

## Hönnunarsafn Íslands (Museum für angewandtes Design)
▶ Klappe hinten, südl. e 6

Jeder, der an Design interessiert ist, wird es genießen, in ein Universum zum Teil recht schräger Produktentwürfe einzutauchen. Besonders die Exponate zum Thema grafisches Design sind sehenswert. Das Museum liegt 8 km südlich des Zentrums.
Garðatorg 1 | Tel. 5 12 15 25 | www. honnunarsafn.is | Di–So 12–17 Uhr | Eintritt 500 ISK, bis 17 Jahre frei

## 10 Kjarvalsstaðir

In Kjarvalsstaðir sind die Werke des bekanntesten isländischen Malers Jóhannes Sveinsson Kjarval (1885–1972) ausgestellt. Kjarval ist vor allem durch seine realistischen Darstellungen der isländischen Landschaft, seine mystischen Elfen, Trolle und Sagenfiguren bekannt. Das 1973 eröffnete Haus ist das erste, speziell für die bildende Kunst errichtete Gebäude in Island. Der Museumsshop bietet nicht nur Kataloge und Bücher, sondern auch eine Auswahl aus dem Designershop Kraum.
Flókagata | Tel. 5 90 12 90 | www. listasafnreykjavikur.is | tgl. 10–17 Uhr | Eintritt 1300 ISK, bis 18 Jahre frei

## 11 Listasafn Íslands (Nationalgalerie)

Die Nationalgalerie besitzt rund 10 000 Werke isländischer Künstler, hauptsächlich aus dem 19. und 20. Jh. Auch internationale Künstler wie Picasso oder Munch. Teile der Sammlung werden regelmäßig in Einzelausstellungen präsentiert. Unter anderem besitzt die Nationalgalerie auch viele Werke von Ásgrímur Jónsson (1876–1958), einem von französischen Impressionisten beeinflussten Landschaftsmaler und Illustrator von isländischen Sagas und Volksmärchen.
Fríkirkjuvegur 7 | Tel. 5 15 96 00 | www. listasafn.is | Di–So 11–17 Uhr | Eintritt 1000 ISK, bis 18 Jahre frei

## 12 Reykjavík 871 +/–2 / Landnáms-sýningin

Unter dem Hotel Reykjavík wurden bei Renovierungsarbeiten mehr als 1000 Jahre alte archäologische Funde gemacht. Der Titel der Ausstellung 871 +/–2 bezieht sich auf das Alter der Fundstücke. Zentrales Ausstellungsstück sind die Reste eines Langhauses aus der Wikingerzeit. Informationstafeln und eine multimediale Animation geben fundierte Einblicke in das Alltagsleben der ersten Siedler.
Aðalstræti 16 | Tel. 4 11 63 70 | www. reykjavik871.is | tgl. 10–17 Uhr | Eintritt 1300 ISK, bis 18 Jahre frei

## Rokksafn Íslands
▶ Klappe hinten, östl. f 1

Hinter dem Namen verbirgt sich Islands einziges Rock-and-Roll-Museum. Hier wird natürlich die Geschichte von Berühmtheiten wie den Sugarcubes, Björk und Sigur Rós erzählt. Aber auch Interpreten wie Trúbrot, die außerhalb Islands kaum bekannt sind, lernt man hier kennen. Das moderne Museum hat viele interaktive Stationen, das Sound Lab bietet die Möglichkeit, selber verschiedene Instrumente auszuprobieren.
Reykjanesbær | Hjallavegur 2 | Tel. 4 20 10 30 | www.rokksafn.is | tgl. 11–18 Uhr | Eintritt 1500 ISK, bis 16 Jahre frei

## 60 | ISLAND ERKUNDEN

### 13 Saga Museum

17 Stationen beleuchten wichtige Ereignisse aus der Sagazeit und machen mit ihren Helden Snorri Sturlusson, Ingolfur Arnarson und Leifur Eiriksson bekannt. Lebensgroße Puppen sind in derbe Gemetzel und Intrigen verwickelt. Glaubt man den Machern der Ausstellung, dann war die Sagazeit ziemlich blutrünstig.

Grandagardi 2 | Tel. 5 11 15 17 | www.sagamuseum.is | tgl. 10–18 Uhr | Eintritt 2000 ISK, bis 18 Jahre 800 ISK

### 14 Víkin Sjóminjasafn (Schifffahrtsmuseum)

Bevor das Schifffahrtsmuseum hier einzog, diente das Gebäude als Kühlfabrik für Fische. So passt es gut, dass hier alles zu sehen ist, was mit Fischerei und Fischverarbeitung zu tun hat, also Schiffsmotoren, Trockenfischgestelle, Modellboote und diverse Ausrüstungsgegenstände. Wechselausstellungen und viele Veranstaltungen.

Grandagarður 8 | Tel. 5 17 94 00 | www.maritimemuseum.is | tgl. 10–17 Uhr | Eintritt 1300 ISK, bis 18 Jahre frei

### 15 Þjóðminjasafn (Isländisches Nationalmuseum)

Die Dauerausstellung »Wie die Nation entsteht« ist eine Zeitreise von der Ankunft der ersten Siedler bis in die Gegenwart. Die gelungene multimediale Präsentation sowie die lichte Architektur nach dem Umbau haben dem Museum 2006 eine Auszeichnung eingebracht. Schöner Museumsshop.

Suðurgata 41 | Tel. 5 30 22 00 | www.nationalmuseum.is | Mai–Mitte Sept. tgl. 10–17, sonst Di–So 11–17 Uhr | Eintritt 1000 ISK, bis 18 Jahre frei

GALERIEN

### 16 Spark Design Space

In Island gibt es eigentlich nur eine einzige Galerie, die regelmäßig zum Thema Design ausstellt – den Spark Design Space. Isländische Künstler wie das Designkollektiv Vík Prjónsdóttir oder Salakauppa zeigen hier ebenso ihre neuesten Kollektionen wie der finnische Designer Johan Olin oder der Koreaner Aamu Song. Vierteljährlich werden neue Ausstellungen arrangiert.

Klapparstígur 33 | Tel. 5 52 26 56 | www.sparkdesignspace.com | Mo–Fr 10–18, Sa 12–16 Uhr | Eintritt frei

### ÜBERNACHTEN

### 17 Hotel Borg

**Luxus im Zentrum** – In der Stadtmitte gegenüber dem Parlamentsgebäude. Durch die Komplettsanierung vor einigen Jahren hat zwar der Art-déco-Charme des Traditionshotels etwas gelitten, an seine Stelle ist aber gediegene Eleganz getreten. Die Zimmer sind in braun, schwarz und creme gehalten.

Pósthússtræti 11 | Tel. 5 51 14 40 | www.hotelborg.is | 56 Zimmer | €€€€

### 18 Icelandair Hotel Reykjavík Marina

**Mit weitem Blick** – Das bogenförmige Gebäude liegt direkt am Alten Hafen. Das Design der Zimmer und der Lobby ist modern und farbenfroh. Naturmaterialien und große Wandbilder werten die nicht sehr großen Zimmer auf. Wegen Ausblick und Ruhe unbedingt Zimmer in den oberen Stockwerken und zum Hafen hin buchen.

Myrargata 2 | Tel. 4 44 40 00 | www.icelandairhotels.com | 108 Zimmer | €€€€

## 🟢 Room with a view

**Luxus über den Dächern** – Hinter dem Namen verbirgt sich ein Apartmenthotel der Luxusklasse direkt an der Amüsiermeile der Stadt. Studios oder Penthouse-Apartments unterschiedlicher Größe, alle mit Küche oder Kochnische. Moderne Einrichtung im skandinavischen Stil. Nicht alle Studios, jedoch die Penthouses haben den grandiosen Blick über die Stadt, den der Name verspricht.

Laugavegur 18 | Tel. 5 52 72 62 | www.roomwithaview.is | €€€

## ESSEN UND TRINKEN
RESTAURANTS

### 🟢 Borg Restaurant

**Eine Institution** – Seit Völundur Snær Völundarson im Hotel Borg das Sagen hat, weht durch das Restaurant ein Hauch von Exotik, denn Volli, wie ihn die Isländer nennen, hat zwölf Jahre auf den Bahamas gelebt. Er ist nicht nur TV-Koch, sondern auch Autor des Buches »Delicious Iceland«, das bei den Gourmand World Cookbook Awards immerhin unter die 100 besten Kochbücher der Welt gewählt wurde. Obwohl sich Völundarson überwiegend auf frische regionale Produkte konzentriert, merkt man seiner Kochkunst durchaus an, dass er lange Zeit in der Karibik gelebt hat. So kommt der blaue Lengfisch mit Sesamsamen, Joghurt und Fruchtsauce an den Tisch, zum Hähnchen reicht er Kürbis, Süßkartoffel und Erdnüsse.

Pósthússtræti 9–11 | Tel. 5 78 20 20 | www.borgrestaurant.is | Lunch 11.30–14, Dinner Mo–Fr 18–22, Sa, So bis 23 Uhr | €€–€€€

Das Icelandair Hotel Reykjavik Marina (▶ S. 60) liegt am Hafen, die Einrichtung der Zimmer, Studios und Suiten ist teils maritim, aber immer hell und freundlich.

## 🟢21 Café Paris

**Schön und gut** – Hier sitzt man mitten im Geschehen, im Sommer auch gerne draußen mit Blick auf das Parlament. Die kleinen Gerichte werden optisch sehr ansprechend präsentiert.
Austurstræti 14 | Tel. 5 51 10 20 | www.cafeparis.is | So–Do 9–1, Fr, Sa 9–2 Uhr | €€–€€€

## 🟢22 Grillmarkaðinn ▶ S. 28

## 🟢23 Kaffivagninn

**Für zwischendurch** – Hierher kommen die Einheimischen vor allem zum Lunch, für einen Salat, ein Sandwich mit Krabben oder einen frischen Fisch. Mit Blick auf den Hafen gibt es aber auch Kaffee und Kuchen.
Grandagarður 10 | Tel. 5 51 59 32 | tgl. 8–18 Uhr | €

## 🟢24 Laundromat Café

**Bunt gemischtes Publikum** – Der Name ist Programm, denn im Keller kann man wirklich seine Wäsche waschen. Oben ist es immer voll, trotzdem geht es sehr entspannt zu. Plakate an den Wänden und massenhaft Bücher in den Regalen sorgen für eine gemütliche Atmosphäre. Hier stimmt das Preis-Leistungs-Verhältnis.
Austurstræti 9 | Tel. 5 87 75 55 | www.thelaundromatcafe.com | Mo–Fr 8–22, Sa, So ab 9 Uhr | €€

## 🟢25 Lækjarbrekka

**Tradition mit Stil** – Das schwarze Holzhaus mit den weißen Fenstern ist eines der ältesten und schönsten Gebäude im Zentrum. In klassisch feinem Ambiente mit weißen Tischtüchern werden hier typisch isländische Ge-

»Perlan« (▶ S. 29) bedeutet Perle, und eine Perle in der isländischen Gastronomie ist dieses Restaurant ganz sicher. Es dreht sich in zwei Stunden um 360 Grad.

richte serviert. Allerdings nicht ländlich-rustikal, sondern gekonnt zubereitet und sehr ansprechend serviert. Zu den traditionellen Gerichten gehören auch Pferd, Wal und Papageitaucher.
Bankastræti 2 | Tel. 5 51 44 30 | www. laekjarbrekka.is | ab 11.30 Uhr | €€€

**26 Perlan** ▶ S. 29

**27 Sægreifinn**
**Beliebt bei Einheimischen** – Der Seebaron ist eine einfache Kneipe direkt am Alten Hafen – und mittlerweile wegen der urigen Atmosphäre eine Institution. Nicht nur wegen der Fischsuppe, die der Baron selbstbewusst als weltweit beste rühmt. Den Fisch sucht man sich an der Kühltheke aus, danach kommt er direkt auf den Grill. Frischer und günstiger geht es kaum.
Geirsgata 8 | Tel. 5 53 15 00 | www. saegreifinn.is | Mai–Aug. tgl. 11.30–23, sonst 11.30–22 Uhr | €

---

# Wollen Sie's wagen?

*Sie schmecken gut, fast wie Ente oder Hühnchen, und ihr Bestand ist nicht gefährdet. Dennoch traut sich mancher Tourist nicht an ein Papageitaucher-Gericht ran, weil die Tiere aus der Familie der Alkenvögel mit ihrem Clownsgesicht so niedlich aussehen.*

---

**28 Þrír Frakkar**
**Der Klassiker** – Das Restaurant der »drei Jacken« liegt etwas versteckt in einer Nebenstraße bei der Hallgrimskirche. Chefkoch Úlfar Eysteinsson betreibt es seit 1989. Auch die Einhei-

mischen lieben es und so ist es oft schwer, spontan einen Platz zu bekommen. Vor allem klassische isländische Fischgerichte, aber auch Lamm, Wal und Papageitaucher sind auf der Speisekarte zu finden.
Baldursgata 14 | Tel. 5 52 39 39 | www. 3frakkar.com | Mo–Fr 11.30–14.20, 18–22, Sa, So 18–23 Uhr | €€€

CAFÉS
**29 Mokka-Kaffi**
Eines der ältesten Cafés der Stadt. Die Einrichtung hat sich seit der Eröffnung 1958 kaum verändert – aber nicht nur Nostalgiker fühlen sich hier wohl. Für Abwechslung ist gesorgt, denn alle paar Wochen wird die Kunst an den Wänden ausgetauscht. Die Waffeln mit Sahne sind ebenso gut wie der Kaffee.
Skólavörðustigur 3a | Tel. 5 52 11 74 | www.mokka.is | tgl. 9–18.30 Uhr

**EINKAUFEN**

Die besten Einkaufsmöglichkeiten bieten die Straßen zwischen Austurvöllur und Altem Hafen. Auch in der Lækjargata, Hverfiskgata, Skólavörðustígur und Laugavegur gibt es viele Geschäfte.

EINKAUFSZENTREN
**Kringlan**                ▶ Klappe hinten, östl. f 3
Islands erste und immer noch mit rund 150 Geschäften eine der größten Shopping Malls. Ideal, um sich vor einer längeren Islandreise mit allem Nötigen einzudecken.
Kringlan 4–12 | Tel. 5 17 90 00 | www. kringlan.is | Mo–Mi 10–18.30, Do 10–21, Fr 10–19, Sa 10–18, So 13–18 Uhr

GESCHENKE
**30 Kraum** ▶ S. 37

## KULINARISCHES

**Frú Lauga** ▶ **Klappe hinten, östl. f 1**

Seit 2009 vertreiben Arnar Bjarnason und Rakel Halldórsdóttir in ihrem Bioladen überwiegend Lebensmittel aus der Region; einiges, wie zum Beispiel Olivenöl, kommt aber auch aus dem Ausland. Ihr Konzept hat Erfolg, deshalb haben sie 2012 einen weiteren Laden in der Óðinsgata 1 eröffnet.

Laugalækur 6 | Tel. 5 34 71 65 | www. frulauga.is | Mo–Fr 11–18, Sa 11–16 Uhr

## MÄRKTE

**31 Kolaportid (Flohmarkt)**

Islands größter Flohmarkt direkt am Alten Hafen. Angeboten werden neben Second-Hand-Ware auch Gaumenfreuden wie Hai und Trockenfisch.

Tryggvagata 19 | Tel. 5 62 50 30 | www. kolaportid.is | Sa, So 11–17 Uhr

## MODE

**32 66° North**

1926 wurde Islands erstes Outdoor-Label in Súgandafjörður, das auf 66° nördlicher Breite liegt, gegründet. Hochwertige Outdoor-Artikel, die mittlerweile oft auch modisch ansprechend daherkommen.

Bankastræti 5 | Tel. 5 35 66 80 | www. 66north.com | Mo–Sa 9–20, So 10–18 Uhr

**33 Farmers Market** ▶ S. 36
**34 Handprjónasamband Íslands**
▶ S. 36
**Icewear** ▶ S. 37

**35 Kirsuberjatréð**

Gemeinsames Geschäft von rund einem Dutzend Designerinnen, die von ungewöhnlichen Taschen über Glas und Keramik bis hin zu Kleidung Hochwertiges anbieten.

Vesturgata 4 | Tel. 5 62 89 90 | www. kirs.is | Mo–Fr 11–18, Sa 10–17 Uhr

## KULTUR UND UNTERHALTUNG

**Borgarleikhús (Stadttheater)**
▶ **Klappe hinten, östl. f 4**

Neben in- und ausländischen Stücken gibt es im ältesten isländischen Theater auch Vorstellungen der Icelandic Dance Company.

🕐 Bitte beachten Sie, dass im Juli und August Theaterferien sind.

Listabraut 3 | Tel. 5 68 80 00 (Tickets) | www.borgarleikhus.is

**36 Kaffibarin**

Als ob das rote Haus nicht schon Erkennungszeichen genug wäre, prangt auf der Fassade auch noch das Logo der Londoner Underground. Kultbar zum Kultfilm »101 Reykjavík«, die am Wochenende immer hoffnungslos überfüllt ist.

Bergstaðastræti 1 | Fr, Sa bis 4, sonst bis 1 Uhr

**37 Lebowski Bar**

Wer den Film »The Big Lebowski« gut fand, fühlt sich hier bestimmt wohl. Amerikanisch gestylt bis ins Detail und mindestens ein Dutzend »White Russians« zur Auswahl – das Lieblingsgetränk von Dude.

Laugavegur 20a | So–Do 11.30–1, Fr, Sa bis 4 Uhr

**38 Þjóðleikhúsið (Nationaltheater)**

Auf drei Bühnen werden Theaterstücke (isländisch und international), Musicals und Opern aufgeführt. Im Juli und August sind Theaterferien.

Reykjavík – Bláa Lónið (Blaue Lagune) | 65

Hverfisgata 19 | Tel. 5 51 12 00 (Tickets) | www.leikhusid.is

### Warmes Fußbad zum Sonnenuntergang

Wie wäre es zum Sonnenuntergang mit einem warmen Fußbad mit großartiger Aussicht? Dann auf nach Seltjarnarnes westlich von Reykjavík (▶ S. 12).

## SERVICE
AKTIVITÄTEN
### Elding Walbeobachtung
▶ Klappe hinten, a 2

Im Sommer werden bis zu sechs Touren (Dauer 2,5–5 Std.) täglich angeboten, die Tour um 13 Uhr findet ganzjährig statt. In dieser Jahreszeit liegen die Chancen, Wale zu sichten, bei 95 %.
Ægisgarður 5-7 | Tel. 5 19 50 00 | www.elding.is | 8500 ISK, 7–15 Jahre 4250 ISK, bis 6 Jahre frei

### Laugardalur 🚶 ▶ Klappe hinten, östl. f 1
Das Laugardalur (Tal der heißen Quellen) bietet vielfältige Sport- und Freizeitmöglichkeiten (Zoo und Botanischer Garten). Das größte Schwimmbad der Stadt lockt ganzjährig mit 50-m-Becken, Hot Pots, Whirlpool, Dampfbad, Solarium und einer Wasserrutschbahn. Um das Schwimmbad liegen gute Trimm- und Spazierwege, im Winter Loipen zum Skilanglauf. Weitere Schwimmbäder in und um Reykjavík: www.swimminginiceland.com/reykjavik-and-capital-area
Sundlaugarvegur 301 | Tel. 4 11 51 00 | Mo–Fr 6–23.30, Sa 8–22, So 8–20 Uhr | Eintritt 600 ISK, Kinder 130 ISK

### Nauthólsvík ▶ Klappe hinten, südl. c 6
Wenn das Meer nicht warm genug zum Baden ist, muss man einfach nur heißes Wasser einleiten. Karibik-Feeling kommt – trotz Sandstrand – in der kleinen Bucht Nauthólsvík trotzdem nicht so recht auf bei Wassertemperaturen zwischen 15 und 20 °C. Aber natürlich gibt es zum Aufwärmen noch den Hot Pot. Die Isländer lieben es.
Nauthólsvegur | www.nautholsvik.is | Mitte Mai–Mitte Aug. tägl. 10–19, sonst Mo–Fr 11–13, Mo und Mi auch 17–19 Uhr | Eintritt frei

AUSKUNFT
### Tourist Information Centre
▶ Klappe hinten, b 2
Aðalstræti 2 | Tel. 5 90 15 50 | www.visitreykjavik.is | Juni–15. Sept. tgl. 8.30–19, sonst Mo–Fr 9–18, Sa bis 16, So bis 14 Uhr

## Ziele in der Umgebung
### ◎ BLÁA LÓNIÐ (BLAUE LAGUNE) ⭐
Zwischen dem Flughafen Keflavík und Grindavík liegt inmitten einer bizarren Vulkanlandschaft die Blaue Lagune. Nicht minder bizarr wirkt das rauchende Svartsengi-Kraftwerk im Hintergrund. Ein Bad in dem herrlich warmen, milchigblauen und mineralienreichen See ist das ganze Jahr über ein wohltuendes Vergnügen. Doch zu einem ganz besonderen Erlebnis wird die Blaue Lagune, wenn das Wetter so richtig garstig ist, denn dann hüllen Dampfschwaden alles ein. Oft nur für Sekunden reißt der Wind Löcher in den weißen Vorhang und gibt einen schemenhaften Blick auf die Badenden frei. Leider ist die Blaue Lagune

inzwischen das bei Weitem teuerste Schwimmbad in Island, trotzdem kommen jedes Jahr mehr Besucher. Um Wartezeiten zu vermeiden, ist eine Online-Reservierung mittlerweile durchaus sinnvoll. Zum Angebot gehören noch Bar, Café, Restaurant, Shop mit Pflegeprodukten sowie ein Hotel.
Grindavík | Tel. 4 20 88 00 | www.bluelagoon.com | Jan.–Mai, Sept.–Dez. tgl. 10–20, Juni, Mitte–Ende Aug. 9–21, Juli–Mitte Aug. 9–23 Uhr | ♿ | Eintritt für Erwachsene im Sommer ab 40 €, 14–15 Jahre ab 20 €, im Winter ab 35/20 €, weitere Pakete mit Drink, Essen und/oder Wellnessbehandlung sind erheblich teurer
48 km südwestl. von Reykjavík

### EINKAUFEN
**Blue Lagoon Skin Care** ▶ S. 36

### ◎ GEYSIR  D 4

Bis zum Anfang des 20. Jh. war auf den Großen Geysir im Haukaðalur Verlass, doch dann kamen seine Eruptionen immer seltener und irgendwann hörten sie ganz auf. Mehrmals hat man noch versucht, ihn mithilfe von Seife, die die Oberflächenspannung herabsetzt, zum Ausbruch zu bewegen, doch nichts hat dauerhaft geholfen. Doch auf den **Strokkur** (Butterfass) gleich daneben ist Verlass, alle paar Minuten schießt er seine 20–30 m hohe Wasserfontäne in den Himmel, zur großen Begeisterung der umstehenden Zuschauer.

Die benachbarte Blesiquelle besteht aus zwei Quelltöpfen, in einem befindet sich fast kochend heißes, klares Wasser, während im anderen nur rund 50 °C warmes vor sich hin dampft; we-

Die Blaue Lagune (▶ S. 65) in Grindavík ist eine der Hauptattraktionen Islands. Das Thermalbad ist ein künstlich angelegtes Schwimmbad inmitten einer bizarren Vulkanlandschaft.

gen Kieselsäurepartikeln ist es intensiv blau gefärbt.

Außerdem gibt es noch einige kleinere Schlammtöpfe, in denen eine graue und rote Masse vor sich hin blubbert sowie einen heißen Bach.

Gegen den Willen des Staates erheben die Landeigentümer seit 2014 ein Eintrittsgeld von 600 ISK (bis 17 Jahre frei) für die Besichtigung des Geysirgebietes. Der Hintergrund des Ärgernisses: Strokkur und Großer Geysir gehören zwar dem Staat – aber die Zugänge sind in Privatbesitz.

101 km östl. von Reykjvaík

### MUSEEN UND GALERIEN

**Geysir Center**

Im Geysir Center sind das große Multimedia-Museum Geysirstofa sowie einer der größten Souvenirshops des Landes untergebracht. Außerdem sind hier noch ein Hotel, ein Campingplatz und ein Restaurant zu finden.

Tel. 4 80 68 00 | www.geysircenter.is

### ◎ GLJÚFRASTEINN  C5

In dem weißen Haus außerhalb des Ortszentrums von Mosfellsbær verbrachte der Nobelpreisträger Halldór Laxness fast sein ganzes Leben. Das Laxness-Museum ist noch mit dem Originalmobiliar eingerichtet. Sein Arbeitszimmer mit dem Stehpult, die umfangreiche Bibliothek, die Antiquitäten: Alles ist noch wie zu seinen Lebzeiten. Vor dem Haus steht sein weißer Jaguar, gepflegt und fahrbereit, und selbst der Pool im Garten ist voller Wasser. Mit Audioguide ein sehr lohnender Besuch.

Mosfellsbær | Tel. 5 86 80 66 | www.gljufrasteinn.is | Juni–Aug. tägl. 9–17,

Sept.–Mai Di–So 10–17 Uhr | Eintritt 800 ISK, bis 18 Jahre frei

22 km östl. von Reykjavík

### EINKAUFEN

**Álafoss** ▶ S. 36

### ◎ GULLFOSS  D 4/5

Einer der schönsten Wasserfälle Islands, der Gullfoss (Goldener Wasserfall), ist nur rund 10 km vom Geysir (▶ S. 66) entfernt. Die Hvítá – der Weiße Fluss – stürzt über zwei gegeneinander versetzte Fallstufen insgesamt gut 30 m in eine enge Schlucht. Vom Parkplatz mit Restaurant und Souvenirshop ist es nur ein kurzer Spaziergang zu den beiden Fallstufen. Häufig bildet sich in der Gischt ein Regenbogen. Im Sommer stürzen mehr als 100 Kubikmeter pro Sekunde über die Kante, im Winter bildet sich eine märchenhafte Eiswelt. Heute befindet sich der Gullfoss in Staatsbesitz und steht unter Naturschutz. Dass er nicht zur Stromerzeugung genutzt wurde, ist in erster Linie ein Verdienst der Bauerntochter Sigríður Tómasdóttir. Hartnäckig hat sie sich für den Erhalt des Wasserfalls eingesetzt. An sie erinnert ein kleines Denkmal.

116 km östl. von Reykjavík

### ◎ HAFNARFJÖRÐUR  C5

27 000 Einwohner

Der Ort liegt an einer hufeisenförmigen Bucht und besitzt einen der größten Häfen des Landes. Die Isländer nennen Hafnarfjörður »Stadt in der Lava«, denn sie breitet sich auf einem rund 8000 Jahre alten Lavafeld aus. In der Lava sollen unzählige Elfen, Trolle und Feen leben.

Größtes Ereignis ist das alljährliche Wikingerfest Mitte Juni rund um das Wikingerhotel, das leicht an der Stabkirche mit stufenförmigen Dächern und stilisierten Drachenköpfen zu erkennen ist. In diesen Tagen kann man Handwerkern beim Schnitzen und Steineschleifen über die Schultern schauen, von Geschichtenerzählern eine der Sagas vorgetragen bekommen oder über Kampfvorführungen mit Schildern und Speeren staunen.

11 km südl. von Reykjavík

## ÜBERNACHTEN

### Hotel Viking 🛉👶

**Themenhotel** − Vor der Tür die Stabkirche und der Runenstein, drinnen rustikale Kunst mit Wikingermotiven aus Island, Grönland und von den Färöern. Nur die Zimmer im ersten Stock sind voll mit Wikinger-Utensilien, der Rest ist im nordischen Stil eingerichtet. Auch das Personal zeigt sich im passenden Outfit.

Strandgötu 55 | Tel. 5 65 12 13 | www. fjorukrain.is | 42 Zimmer, 14 Hütten bis 6 Personen | €€

## ESSEN UND TRINKEN

### Fjörugarðurinn ▶ S. 28

## SERVICE

AKTIVITÄTEN

### Hidden World Walk

Hafnarfjörður ist die Stadt der Elfen. Sigurbjörg Karlsdóttir hat einen guten Draht zu ihnen und weiß, wo und wie sie leben. Gerne nimmt sie Touristen auf einen rund zweistündigen Elfenspaziergang mit und erzählt dabei viele nette Geschichten. Am Ende bekommt man sogar eine Karte der »Verborge-

nen Welt«. Der Treffpunkt ist an der Touristeninformation.

Strandgata 6 | Tel. 6 94 27 85 | www. alfar.is | Di, Fr 14.30 Uhr | 3900 ISK

AUSKUNFT

### Tourist Information

Strandgata 6 | Tel. 5 85 55 00 | www. visithafnarfjordur.is | Mo–Fr 8–16 Uhr

## ◎ KEFLAVÍK 🏳 B 5

8500 Einwohner

Die meisten kennen von Keflavík nur den außerhalb des Ortes inmitten trostloser Lavaflächen gelegenen internationalen Flughafen. Von 1951 bis 2006 war Keflavík Standort der in Island stationierten US-Streitkräfte, heute lebt die Stadt hauptsächlich von ihrem Hafen und den Fischverarbeitungsbetrieben. Nur rund um den alten Hafen sind noch einige historische Gebäude erhalten geblieben.

50 km südwestl. von Reykjavík

## SEHENSWERTES

### Duushus

In dem stattlichen roten Holzgebäude residierte früher der dänische Kaufmann Peter Duus. Heute beherbergt es ein Kulturzentrum, das regelmäßig Ausstellungen mit moderner Kunst zeigt, sowie ein maritimes Museum mit einer stattlichen Sammlung von schönen Modellschiffen.

Duusgata 2 | Tel. 4 21 37 96 | Mo–Fr 12–17, Sa, So 13–17 Uhr | Eintritt frei

## ESSEN UND TRINKEN

### Kaffi Duus

**Mit Hafenblick** − Modernes Café mit wechselnden Tagesgerichten und hervorragenden Torten.

# Hafnarfjörður – Laugarvatn | 69

Beim Wikingerfest in Hafnarfjörður (▶ S. 67) leben die alten Zeiten wieder auf. Fast vergessenes Handwerk wird vorgeführt und Traditionelles kommt auf den Tisch.

Duusgata 10 | Tel. 4 21 70 80 | www.duus.is | tgl. ab 11 Uhr

### SERVICE
AUSKUNFT
**Tourist Information**
am Flughafen Keflavík

### ◎ LAUGARVATN
200 Einwohner

Der kleine Ort liegt am gleichnamigen See, der von heißen Quellen gespeist wird. Durch die Lage am Golden Circle ist hier im Sommer viel Betrieb.

78 km östl. von Reykjavík

### SERVICE
AKTIVITÄTEN
**Laugarvatn Fontana**

Das mit Natursteinen und Holz gestaltete Thermalbad liegt direkt am schwarzen Sandstrand des Laugarvatn. Von den unterschiedlich warmen Pools eröffnet sich ein Blick auf den See. Die Dampfbäder liegen direkt über einer heißen Quelle, die bereits seit 1929 genutzt wird – durch Gitter im Boden können Gäste sie sprudeln sehen.

Hverabraut 1 | Tel. 4 86 14 00 | www.fontana.is | tgl. 11–21, im Dez. bis 16 Uhr | Eintritt 3200 ISK, 13–16 Jahre 1600 ISK

Die Allmännerschlucht im Þingvellir-Nationalpark (▶ MERIAN-TopTen, S. 71) ist der »Riss« zwischen der amerikanischen und der eurasischen Kontinentalplatte.

## ◎ REYKJANESVITI   B 5

Der Leuchtturm von Reykjanesviti steht als perfektes Fotomotiv auf einem Vulkanhügel und im Hintergrund dampft das Geothermalgebiet Gunnuhver, das man auf einem kurzen Spaziergang erkunden kann.

Vom Küstenplateau ist der Vogelfelsen Eldey bei gutem Wetter im Meer zu sehen. Er ragt ca. 21 km südwestlich der Halbinsel Reykjanes aus dem Meer. Der Felsen mit seinen bis zu 70 Meter hohen, steilen Klippen ist jedoch nicht für Besucher zugänglich, denn 1940 wurde Eldey (isl. Feuerinsel) unter Naturschutz gestellt. Die Insel war für den mittlerweile ausgestorbenen, flugunfähigen Riesenalk ein beliebter Brutplatz. Nachdem er in Kanada, Grönland und auf den Faröer-Inseln bereits ausgerottet worden war, stellte Island den letzten Zufluchtsort dar. Die weltweit letzten zwei Exemplare des bis zu 85 cm großen und 5 kg schweren Riesenalks starben 1844 auf Eldey. Ein ausgestopftes Exemplar befindet sich heute im Institut für Naturgeschichte in Reykjavík und eine Skulptur erinnert an die imposanten Vögel.

70 km südwestl. von Reykjavík

## ◎ ÞINGVELLIR ⁴     C 5

An der nördlichen Spitze des Þingvallavatn liegt der rund 50 qkm große
Þingvellir-Nationalpark, der seit 2004
als UNESCO-Weltkulturerbe gelistet
ist. Für die Isländer ist dies der historisch bedeutsamste Ort, denn im
Jahr 930 versammelten sich hier erstmals die Goden, um eine Alþingiversammlung abzuhalten. Von da an tagte
das Alþingi alljährlich zwei Wochen im
Sommer. Während dieser Zeit wurden
Gesetze erlassen und Gerichtsurteile
vollstreckt, es wurde aber auch Markt
abgehalten und ein Volksfest gefeiert.
Die Tradition, in Þingvellir große Jah-
restage zu feiern, haben die Isländer
bis heute beibehalten. 1874 wurde hier
der tausendjährige Jahrestag der Besiedlung gefeiert, 1930 war es das tausendjährige Jubiläum des Alþingi. Am
17. Juli 1944 wurde in Þingvellir die
Republik ausgerufen. 1974 war dann
der elfhundertste Jahrestag der Besiedlung ein guter Grund zum Feiern und
im Jahr 2000 gedachte man feierlich
der tausendjährigen Einführung des
Christentums.
Neben der geschichtlichen Bedeutung
bietet die Allmännerschlucht Allman-
nagjá noch sehr anschaulichen Geo-
logieunterricht. Denn durch die wild
zerklüftete Schlucht aus dunklem Basalt verläuft die Grenze zwischen der
eurasischen und der amerikanischen
Kontinentalplatte, die jedes Jahr einige
Zentimeter auseinanderdriften. Wie
kaum an anderer Stelle sind hier die
geologischen Vorgänge der Plattentek-
tonik eindrucksvoll zu sehen.
Der beste Ausblick über den Þinvellir-
Nationalpark, die Þingvallakirkja und
den See bietet sich vom Visitor Centre

Hakið in der Nähe der Straße 36. In der
Kirche hängt die Islandglocke, ein Geschenk des norwegischen Königs aus
dem Jahr 1018. Der bekannteste Roman
des Literaturnobelpreisträgers Halldór
Laxness – Islandglocke – bezieht sich
auf dieses Geschenk.
48 km östl. von Reykjavík

### SERVICE

AKTIVITÄTEN

#### Um den Þingvallavatn

Für alle, die Island am liebsten mit
dem Fahrrad erkunden möchten und
ein wenig Kondition mitbringen, ist die
»Lake Challenge« genau das Richtige.
Mit dem Minibus geht es von Reykjavík zum Þingvallavatn und von dort
per Rad auf anspruchsvollen 64 km
durch den Nationalpark, am See entlang und durch atemberaubende Vul-
kanformationen.
Reykjavík Bike Tours | Tel. 6 94 89 56 |
www.icelandbike.com | jeweils Sa
1. Juni–Mitte Sept.

AUSKUNFT

#### Information Centre

Hier kann man auch Plätze auf dem
nahe gelegenen Campingplatz buchen, außerdem gibt es eine Cafeteria
(1. April bis 31. Oktober täglich, im
Winter an den Wochenenden) und einen Buchladen.
An der Kreuzung der Straßen 36, 52 und
361 | Mai–Sept. tgl. 9–17 Uhr

#### Visitor Centre Hakið

Multimedia-Ausstellung zur Bedeutung von Þingvellir. Ein Fußweg führt
in die Almannagjá-Schlucht.
www.thingvellir.is | tgl. 9–17 Uhr |
Eintritt frei

# Im Fokus
## Literatur: die Insel der Schriftsteller

*Nirgendwo sonst werden so viele Bücher pro Kopf verkauft – und gelesen – wie in Island. Von den mittelalterlichen Sagas bis zu den boomenden Island-Krimis: Die Kultur des Landes definiert sich wesentlich über die Literatur.*

Kleines Land – große Literatur: Auf diese einfache Formel lässt sich die isländische Schreib- und Lesekultur bringen. Für ein Volk, das gerade einmal 330 000 Menschen zählt, ist ein Literaturnobelpreis (1955) ein guter Schnitt, was die internationale Anerkennung betrifft. Auch, dass beispielsweise in Deutschland die Island-Krimis neben den lange Zeit dominierenden Schweden-Krimis (Sjöwall/Wahlöö, Mankell, Larsson u. a.) binnen Kurzem zu einer eigenständigen, beliebten Sparte geworden sind, spricht für Qualität. Der Grundstein für den Ruhm isländischer Literatur wurde schon im Mittelalter gelegt, durch die Sagas und die Edda, die um die Jahrtausendwende und danach entstanden, zunächst mündlich überliefert und erst Hunderte Jahre später aufgezeichnet wurden. Große Dichtungen sind das, sie erzählen die Geschichte von Geschlechtern und Geistlichen, Helden und Herrscherhäusern. Meist geht es in ihnen ziemlich düster und blutig zu, Kämpfe dominieren das Geschehen, Recht und Ehre sind zentrale Begriffe. Zwar beruhen sie oft auf

◄ Ausschnitt aus einer isländischen Saga
aus der Zeit des 12. bis 14. Jh.

historischen Fakten, es gibt beispielsweise genaue Ortsbeschreibungen, sie sind aber keine trockenen Geschichtsaufzeichnungen, sondern entfalten mit großer Erzähl- und Fabulierlust weit gespannte literarische Abbildungen ihrer Zeit, in Prosa und Lyrik. Die Knýtlinga-Saga über die Dänenkönige, die später für eine lange Zeit über Island herrschen sollten, oder die Njáls-Saga sind bekannte Beispiele; die Heimskringla von Snorri Sturluson gehört zu den herausragenden Beispielen der Geschichtsliteratur. Auch die Skaldendichtung, in der höfische Dichter, die Skalden, Leben und Werk von Mächtigen und Herrschern beschrieben und priesen, entstand in dieser Zeit. Die Egils-Saga über den berühmten Wikinger und Skalden Egill Skallagrímsson und sein Geschlecht umfasst den Zeitraum mehrerer Generationen und ihrer Taten; sie wird Snorri Sturluson zugeschrieben.

## SNORRI STURLUSON, DER MITTELALTER-DICHTER

Dieser bedeutende Dichter des Mittelalters verfasste im frühen 13. Jh. die heute sogenannte Snorra-Edda, die zusammen mit der Lieder-Edda, die von verschiedenen Autoren im späten 13. Jh. aufgezeichnet wurde, das als Edda bezeichnete Gesamtwerk bildet. Eine dunkle, faszinierende Welt tut sich in dieser Dichtung auf. Mythologien, Reiche und Anschauungswelt der Asen, der nordischen Götter, große Taten gewaltiger Helden vermitteln ein Bild der damaligen Zeit, zumindest was große Leute und Götter betrifft. Im Codex Regius, dem Königsbuch, sind viele dieser Lieder erhalten. Die kleinen Leute aber mussten lange warten auf ihre literarische Würdigung.

## DIE NATIONALROMANTISCHE PHASE

Die mehrere Jahrhunderte dauernde beherrschende Stellung der Kirche und die Herrschaft der Norweger- und der Dänenkönige wirkten sich nicht befördernd auf die Literatur aus. Immerhin galt der letzte katholische Bischof von Hólar, Jón Arason, als bedeutender Dichter; Verdienste erwarb er sich auch durch die Gründung der ersten isländischen Druckerei. Die Isländer hatten mit vielen Katastrophen zu kämpfen und fanden wohl wenig Zeit zum Schreiben. Jedenfalls sind keine größeren literarischen Werke bekannt, bis im 19. Jh. eine Reihe von Autoren mit Romanen über das Leben der gewöhnlichen Menschen auf sich aufmerk-

74 | ISLAND ERKUNDEN

sam machte. Den Beginn dieser nationalromantischen Phase bildete 1850 der Roman »Jüngling und Mädchen« von Jón Thoroddsen (1818–1868), eine Liebesgeschichte vor dem Hintergrund des bäuerlichen Lebens, die sehr erfolgreich war und in mehrere Sprachen übersetzt wurde, darunter auch ins Deutsche. »Die Leute auf dem Berg« von Gunnar Gunnarsson (1889–1975) beschreibt mittels einer Familiengeschichte ebenfalls das bäuerliche Leben.

## EIN NOBELPREIS FÜR ISLAND

Eine deutliche Zäsur und den eigentlichen Neubeginn isländischer Literatur und vor allem ihre internationale Rezeption und Anerkennung markiert wie kein anderer Schriftsteller Halldór Laxness (1902–1998). Für sein umfangreiches Werk erhielt er 1955 den Literaturnobelpreis »für seine lebendige, facettenreiche Romanliteratur, mit der er die große isländische Erzählkunst erneuerte«. Zwei seiner bekanntesten Werke sind »Atomstation« – ein explizit politisches Buch, in dem er vehement gegen die Stationierung US-amerikanischer Atomraketen auf Island Stellung bezieht – und »Die Islandglocke«, die Geschichten eines Sprachwissenschaftlers und eines Bauern um 1700, die kunstvoll miteinander verwoben sind und viel über die isländische Gesellschaft und Identität erzählen. Mehrere seiner Romane, darunter »Atomstation«, wurden verfilmt. Im Ausland sah man Laxness lange als Synonym für die moderne isländische Literatur – keine leichte Bürde für die Generation junger Schriftsteller, die mit ihren Werken und teils ganz anderen Thematiken an die Öffentlichkeit drängten.

## ERZÄHLUNGEN VON DER DÜSTEREN SEITE

Seit den 1990er-Jahren ist eine Reihe isländischer Autoren mit Kriminalromanen auch international sehr erfolgreich. In diesem Genre markiert Arnaldur Indriðason den Beginn; er schuf die Figur des melancholischen, problemgeplagten Kommissars Erlendur Sveinsson, der düstere Fälle, die wie beispielsweise in seinem mehrfach ausgezeichneten Roman »Nordermoor« weit in der Vergangenheit wurzeln, aufzuklären hat und dabei auch immer wieder aktuelle (gesellschafts-)politische Probleme berührt; in »Nordermoor«, das auch verfilmt wurde, ist es beispielsweise die Gendatei, in der alle Bürger Islands und ihre Erbkrankheiten erfasst werden sollen. Ebenso spannend ist »Todeshauch«, und es ist nicht verwunderlich, dass Kommissar Sveinsson zur Kultfigur wurde wie etwa sein schwedisches Pendant Kurt Wallander von Henning Mankell. Ausgezeichnete deutsche Übersetzerin dieser wie auch zahlreicher weiterer Bücher isländischer Schriftsteller und Autorinnen ist Coletta Bürling, die in Selfoss lebt und tief einzutauchen vermag in die Sprachwelt dieses düsteren Aspektes von Island. Ebenso erfolgreich wie Indriðasons Bücher sind, zumindest in Island, die Krimis von Stella Blómkvist oder Viktor A. Ingolfsson.

Nicht immer hell und freundlich sind auch die Romane von Autoren, die nicht über Kriminalfälle, sondern beispielsweise über die Liebe und andere menschliche Komplikationen schreiben. In dem Roman »Herzort« lässt die Autorin Steinunn Sigurdardóttir eine Mutter und ihre halbwüchsige Tochter durch Island reisen und ihre schwierige Beziehung diskutieren. Einen Liebesroman, natürlich mit heftigen Problemen der Protagonisten, schuf sie mit »Der Zeitdieb«. Auch in Kristín Marja Baldursdóttirs Roman »Kühl graut der Morgen« spielt eine problematische Liebe eine Rolle, und in ihrem historischen Werk »Die Eismalerin« beschreibt sie das schwierige Leben einer künstlerisch ambitionierten, aber armen jungen Frau um 1900.

## DÜSTERE KRIMIS UND SCHWIERIGE BEZIEHUNGEN

Zu den auch im Ausland bekannteren Autoren zählt der 1955 geborene Einar Kárason, der mit der Veröffentlichung von Gedichten begann und mit seiner »Barackentrilogie« große Erfolge feierte. »Die Teufelsinsel«, »Die Goldinsel« und »Das Gelobte Land« sind auf der düsteren Seite Reykjavíks, im proletarischen Milieu, angesiedelt, wurden für Literaturpreise nominiert oder ausgezeichnet, der erste Band wurde erfolgreich verfilmt. Auch Kinderbücher stammen aus Kárasons Feder. Da Island ein kleines Land ist und viele Menschen, zumal Literaten, sich gut kennen, verwundert es auch nicht, dass beispielsweise Kárason mit seinem Kollegen Einar Már Gudmundsson (»Fußspuren am Himmel«, eine ziemlich düstere Geschichte um eine ziemlich kaputte Familie) zusammenarbeitet und mit diesem und dem Regisseur Fridrik Thor Fridriksson ein erfolgreiches Trio in Sachen Film und Literatur bildet.

Nostalgische Erinnerungen ans Schmökern mit heißen Ohren und an spannende Fernsehabende mögen bei älteren Lesern die »Nonni und Manni«-Bücher von Jón Sveinsson wecken. Die Geschichte um zwei Brüder und einen unheimlichen Fremden, dem ein Mord in die Schuhe geschoben werden soll, spielt um 1870 und war als ZDF-Serienverfilmung 1988 für Kinder und Jugendliche ein Muss und der erste Kontakt mit Island, der Insel der Literaten.

# WESTISLAND
# UND WESTFJORDE

*Als weithin sichtbare Landmarke erhebt sich der Vulkan Snæfellsjökull am Ende der weit ins Meer reichenden Halbinsel Snæfellsnes. In den Westfjorden beeindrucken tiefe Fjorde und dunkle Tafelberge, die fast überall steil zum Meer hin abfallen.*

Nördlich von Reykjavík ändert sich die Landschaft, die Böden werden fruchtbarer und einige Buchten und Fjorde, die für zahlreiche natürliche Häfen sorgen, gliedern die Küstenlinie. Doch auch hier ist die fruchtbare Küstenregion nur schmal und geht bald in die Ausläufer des Hochlandes und des Gletschers Langjökull über, der nach dem Vatnajökull mit 953 qkm die zweitgrößte Eiskappe Islands hat.

Rund 80 km schiebt sich die Halbinsel Snæfellsnes ins Meer. Den Abschluss der Bergkette, die sich über die gesamte Halbinsel zieht, bildet der Snæfellsjökull, ein seit 2000 Jahren schlafender Vulkan, der von einem Gletscher gekrönt wird. Für viele ist Snæfellsnes wegen der abwechslungsreichen Landschaft ein »Island en miniature«.

◀ Karge Landschaft mit Lava und Moos
vor dem Snæfellsjökull (▶ S. 83).

Der weite Breiðafjörður trennt die Halbinsel Snæfellsnes von den Westfjorden. Er ist übersät mit rund 2000 Inseln, von denen wegen des starken Tidenhubs mal mehr und mal weniger aus dem Wasser auftauchen. Rund die Hälfte der in Island brütenden Vogelarten ist hier anzutreffen, darunter Eiderenten, Kormorane, Eissturmvögel, Seeadler und Brandgänse.
Jenseits der markanten Wespentaille, die durch die beiden Fjorde Gilsfjörður und Birtufjörður gebildet wird, liegen die Westfjorde. Sie sind der geologisch älteste Teil der Insel, wegen der Entfernung zur Riftzone gibt es hier keine vulkanischen Aktivitäten mehr, nur vereinzelt treten noch warme Quellen an die Oberfläche.
Die Küste der Westfjorde beeindruckt durch imposante, eiszeitlich geformte Fjorde, die teilweise weit ins Land einschneiden.

## TIEFE FJORDE, SCHROFFE BERGE

Im Fjordinnern erheben sich steile und schroffe Berge aus dunklem Basalt. Immer wieder bieten sich hier Ausblicke auf großartige Landschaften, die in Europa ihresgleichen suchen. Doch die Verkehrs- und Lebensverhältnisse sind auch heute noch schwierig, weshalb immer mehr Menschen von hier fortziehen.

## AKRANES  C 4

6700 Einwohner

Akranes lebt von Fischfang und -verarbeitung; seit der Eröffnung des Hvalfjörðurtunnels pendeln viele zur Arbeit nach Reykjavík. Auffällig sind die beiden Leuchttürme auf der Spitze der Halbinsel, zwischen ihnen erinnert eine moderne Skulptur an den Untergang des Schiffes Hafmeyjan im Jahr 1905. Landesweit ist Akranes als Sportstadt bekannt, gute Trainingsmöglichkeiten finden Sportler in dem großen Zentrum in der Nähe des Strandes Langisandur. Der eigentlich schöne Strand wird durch das nahe Fabrikgelände optisch beeinträchtigt.
Aufgrund der Besiedlungsgeschichte – laut Landnahmebuch siedelten hier als Erste zwei irische Brüder – fühlt man sich in Akranes Irland verbunden. Anfang Juli werden deshalb die »Írskir dagar«, die irischen Tage gefeiert.

### SEHENSWERTES
### Leuchtturm Akranes
Der neuere und größere der beiden Leuchttürme von Akranes kann be-

sichtig werden. Wer zur Aussichtsplattform hinaufsteigt, genießt einen
weiten Blick über die Stadt. Im Innern
des Turmes werden auf mehreren Etagen Fotos und Gemälde lokaler Künstler ausgestellt, ein sehr charmantes
Projekt, um unbekannten Künstlern
eine Bühne zu geben. Hilmar, der sich
um den Leuchtturm kümmert, erzählt
Besuchern gerne die Geschichten hinter den Bildern.

Tel. 8 94 30 10 | im Sommer tgl. 13–
16 Uhr | Eintritt frei

### MUSEEN UND GALERIEN

**Safnasvæðið á Akranesi (Freilicht-
und Heimatmuseum)**
Das umfangreiche Regionalmuseum
besitzt vier Abteilungen: die Stein-
und Mineraliensammlung, das Sport-
museum, ein Museum zum Tunnelbau
sowie das Volksmuseum mit Schmie-
de, Schiffsmodellen, Schulgebäude und
einem Küstensegler.

Görðum | Tel. 4 31 55 66 | www.
museum.is | Juni–Aug. tgl. 10–17, sonst
Di–So 13–17 Uhr | Eintritt 500 ISK, unter
16 Jahren frei

### SERVICE

AUSKUNFT
**Tourist Information**
Im Freilicht- und Heimatmuseum
(▶ S. 78).

## Ziele in der Umgebung

◎ **HVALFJÖRÐUR**　　　　　🏴 C 4
Eine rund 60 km lange Straße führt
um den Hvalfjörður herum, wegen der
steilen Felswände ein lohnender Umweg. Im Fjordinnern bietet sich eine
rund einstündige Wanderung zum
200 m hohen Wasserfall Glymur an.

### ÜBERNACHTEN

**Hótel Glymur** ▶ S. 24

## BORGARNES　　　　　🏴 C 4

1800 Einwohner
Der moderne Ort ist durchaus
geschichtsträchtig, denn vor rund
1000 Jahren war er Schauplatz der
Egillssaga. Deshalb sind alle Straßen
nach Personen der Saga benannt und
in bildhauerischen Denkmälern verewigt. Unter dem kleinen Hügel im
Park Skallagrímsgarður hat man ein
Wikingergrab gefunden, wahrscheinlich das von Egills Vater Skallagrímur.

### MUSEEN UND GALERIEN

**Landnámssetur (Landnahme-
zentrum)**
Im Erdgeschoss eines ehemaligen
Lagerhauses, dem Pakkhúsid, wird von
der Landnahmezeit ab dem Jahr 874
berichtet, warum Menschen damals
Norwegen verließen und sich auf
Island niederließen.

Im Untergeschoss erzählt die Egill-
Ausstellung die abenteuerlichsten Ge-
schichten aus dem Leben des Egill
Skalla-Grimsson, dem Protagonisten
einer der beliebtesten isländischen
Sagas.

Das helle, freundliche Restaurant im
Landnahmezentrum ist sowohl zum
Lunch als auch abends die beste Wahl
in Borgarnes. Serviert werden haupt-
sächlich isländische Gerichte zu fairen
Preisen; empfehlenswert das leichte
Lunch-Buffet oder der Fisch auf der
Tageskarte.

🕐 Das Essen ist – nicht nur hier –
zur Lunchzeit deutlich günstiger als am
Abend.
Brákarbraut 13–15 | Tel. 4 37 16 00 | www.

landnam.is | tgl. 10–21 Uhr | Eintritt für eine Ausstellung 1900 ISK, beide 2500 ISK, 6–18 Jahre 1500 ISK bzw. 1900 ISK

### Safnahús Borgarfjarðar 🧍‍♂️

Das Museum widmet sich den Kindern Islands während der letzten 100 Jahre. An den Wänden hängen unzählige Fotos, die an sich schon viele Geschichten erzählen, weitere Hintergrundinfos geben sehr persönliche Einblicke in die jüngere Geschichte.
Bjarnarbraut 4–6 | Tel. 4 33 72 00 | www.safnahus.is | Mai–Aug. tgl. 13–17 Uhr | Eintritt 900 ISK, bis 18 Jahre frei

### SERVICE

AUSKUNFT
**Borgarnes Region Information Centre**
Borgarbraut 58–60 | Tel. 4 37 22 14 | www.west.is | Juni–Aug. Mo–Fr 9–17, Sa 10–16, sonst Mo–Fr 9–17 Uhr

## Ziele in der Umgebung

### ◎ DEILDARTUNGUHVER ⚓ C 4

Die ergiebigste Heißwasserquelle Islands fördert 180 Liter kochendes Wasser pro Sekunde. Das heiße Wasser versorgt Höfe und Gewächshäuser in der Nähe, Heißwasserleitungen führen von hier bis nach Akranes und Borgarnes. Vom Parkplatz mit ausführlichen Infotafeln sind es nur wenige Schritte bis zu den Dampfwolken der Quelle.
36 km nordöstl. von Borgarnes

### ◎ HRAUNFOSSAR ⚓ C 4

Die größte Sehenswürdigkeit im Reykholtsdalur bilden die Hraunfossar. Auf rund 1 km Länge ergießen sich Dutzende kleine Wasserfälle, die unter dem Lavafeld Hallmundarhraun her-

vorquellen, in den Fluss Hvítá. Der obere Teil des steilen Flussufers besteht aus wasserdurchlässiger Lava, der untere aus wasserundurchlässigem Basalt. Wasser, das in die Lava einsickert, fließt so unterirdisch auf der Basaltschicht, tritt am Steilufer der Hvítá wieder aus und ergießt sich in Kaskaden in den Fluss.
58 km nordöstl. von Borgarnes

## Wollen Sie's wagen?

*Eine Raftingtour auf dem Fluss Hvítá geht über 7 km, dauert 3 bis 4 Stunden und ist eine hervorragende Mischung aus Spaß und Adrenalinausschüttung. Die Touren finden von Mai bis September statt. Egal wann, das Wasser ist immer eiskalt und man wird garantiert nass. Abholung in Reykjavík möglich, Start in Drumboddsstaðir.*
www.arcticrafting.is

### ◎ HÚSAFELL ⚓ C 4

Húsafell besteht nur aus Ferienhütten, die überwiegend von Hauptstädtern genutzt werden. Versteckt in einem Birkenwäldchen liegt ein Ferienkomplex mit Campingplatz, Hütten, Gästehaus, Restaurant, Golfplatz und Freibad (www.husafell.is). Beliebt ist das Örtchen vor allem wegen der vielen Sehenswürdigkeiten in der Nähe. In Húsafell hat der durch seine Zusammenarbeit mit Sigur Rós bekannte Künstler Páll sein Atelier, das unschwer an dem mit schwarzem Wellblech verkleideten Turm zu erkennen ist. Mit etwas Glück trifft man ihn in seinem

Atelier an, wenn nicht, kann man seine ungewöhnlichen Skulpturen auf seinem Anwesen besichtigen. Östlich von Húsafell liegt der ausgedehnte Lavastrom Hallmundarhraun mit zahlreichen Höhlen.

65 km nordöstl. von Borgarnes

## ÜBERNACHTEN

### Fljótstunga

**Ökologisch geführt** – Die Farm liegt auf einer Anhöhe nördlich von Húsafell. Von den Hütten genießt man einen weiten Blick auf Gletscher und Lavafelder. Hüttenübernachtungen können auch mit Frühstück gebucht werden. Die Hütten haben 2 bis 4 Betten, WC, Kochgelegenheit und einen kleinen Sitzbereich.

An der Straße 518 | Tel. 4 35 11 98 | www.fljotstunga.is | 7 Hütten | €

## REYKHOLT    D 4
400 Einwohner

Heute erinnert nichts mehr daran, dass Reykholt im Mittelalter einer der wichtigsten Orte Islands war. Hier lebte um das Jahr 1200 Snorri Sturloson, mächtigster Mann seiner Zeit, der mit der Heimskringla eine detaillierte historische Analyse verfasste. Eine Statue von Gustav Vigeland vor der Schule erinnert an ihn. Bemerkenswert ist das rekonstruierte runde Badebecken, das als erster Hot Pot Islands gilt. Zu sehen ist auch ein Tunnel zwischen Hot Pot und Haus. Im Mittelalterzentrum Snorrastofa erfährt man alles über Snorri und seine Zeit.

Tel. 4 33 80 00 | Mai–Sept. tgl. 10–18, sonst Mo–Fr 10–17 Uhr | Eintritt 1200 ISK, bis 18 Jahre frei

40 km nordöstl. von Borgarnes

Rafting auf dem Fluss Hvítá (▶ S. 79) ist eine feuchtfröhliche Angelegenheit und lässt sich gut mit anderen Aktivitäten wie Reiten oder Quadfahren verbinden.

Húsafell – Ísafjörður | 81

## HÓLMAVÍK  C2
400 Einwohner

Die malerische Siedlung mit bunten Häusern lebt hautsächlich vom Fischfang und einigen Touristen, die vor allem wegen des Museums kommen.

### MUSEEN UND GALERIEN
**Galdrasýning á Ströndum (Museum für Hexerei und Zauberei)**

Bis ins 17. Jh. waren Hexerei und Zauberei in den Westfjorden straffrei, danach kam es zu zahlreichen Hexenprozessen. Dem ersten von insgesamt 21 Opfern wurde vorgeworfen, einen Toten wieder zum Leben erweckt zu haben. Viele weitere wurden ausgepeitscht. Auf dem Scheiterhaufen starben – anders als im Rest Europas – bis auf eine Frau nur Männer. Im Museum erfährt man auch, was es mit der sogenannten Leichenhose auf sich hat.

Höfðagata 8–10 | Tel. 4 51 35 25 | www.galdrasyning.is | tgl. 9–18 Uhr | Eintritt 800 ISK, bis 14 Jahre frei

## Ziele in der Umgebung
 **STRANDIR**  C2

Die Strandirküste am Westufer der Húnaflói-Bucht und das sich nach Norden anschließende Naturschutzgebiet Hornstrandir zählen zu den einsamsten und wildesten Landschaften Islands. Auf der Küstenstraße entlang der Húnaflói-Bucht gelangt man über die winzigen Orte Drangsnes und Djúpavík nach Norðurfjörður. Nach weiteren 3 km endet die Piste am Krossneslaug, einem Schwimmbecken direkt am einsamen Strand. Hier badet man in herrlich warmem Wasser am Ende der Welt!

80 km nördl. von Holmavík

### ÜBERNACHTEN
**Hótel Djúpavík** ▶ S. 24

## ÍSAFJÖRÐUR  B2
2500 Einwohner

Das Handels-, Verwaltungs- und Dienstleistungszentrum der Westfjorde breitet sich auf einer Sandbank im Skutulsfjörður vor einer eindrucksvollen Bergkulisse aus. Im Rücken der Stadt ragt die über 700 m hohe, steile Felswand des Eyrarfjall auf. Das Stadtbild ist vielfältig und bunt, einige Häuser stammen noch aus dem 18. und 19. Jh., als dänische und norwegische Kaufleute mit dem Kabeljauhandel viel Geld verdienten. Aber auch mit Wellblech verkleidete Wohnhäuser, die typischen modernen Betonbauten sowie postmoderne Aluminiumfassaden sind im Stadtbild vorhanden. Den Mittelpunkt der Stadt bildet der Silfurtorg, an dem das Hotel Ísafjörður (modernes Drei-Sterne-Hotel, Tel. 4 56 41 11, www.hotelisafjordur.is) und die Alte Bäckerei (Gamla Bakkari) liegen.

### MUSEEN UND GALERIEN
**Byggðasafn Vestfjarda (Seefahrtsmuseum)**

In einigen der ältesten Gebäude der Stadt ist heute das Seefahrtmuseum untergebracht. Die Ausstellung beleuchtet die Geschichte der ehemaligen Fischfangstation und das harte Leben der Fischer. Vor der Tür werden Fische getrocknet und rund um die Gebäude stehen mehrere Museumsboote. Im ehemaligen Teerhaus (Tjöruhús) befindet sich ein uriges Café.

Tel. 4 56 32 99 | www.nedsti.is | Mitte Mai–Mitte Sept. tgl. 9–18 Uhr | Eintritt 800 ISK, bis 18 Jahre frei

## SERVICE

AKTIVITÄTEN

### Stadt- und Naturwanderungen

Helga Ingeborg Hausner ist 1997 nach Island ausgewandert und bietet ganzjährig in Ísafjörður Thementouren an: Wildkräuterwanderungen, historische Stadtführungen, Geschichten von Trollen und Elfen.
Tel. 8 45 0875 | www.isafjordurguide.is

### West Tours

Vermittelt Unterkünfte, organisiert Outdoor-Aktivitäten.
Aðalstræti 7 | Tel. 4 56 51 11 | www.westtours.is

AUSKUNFT

### Tourist Information

Aðalstræti 7 | Tel. 4 50 80 60 | www.isafjordur.is | Juni–Sept. Mo–Fr 8.15–18, Sa, So 11–14 Uhr

## Ziele in der Umgebung

### ◎ CAFÉ SIMBAHÖLLIN    B2

**Klein aber fein** – Das dänisch-belgische Paar hat aus dem alten Laden von 1915 in Þingeyri ein modernes Café mit wunderbar nostalgischem Flair gezaubert. Weit und breit die beste Adresse für frische belgische Waffeln, Kuchen oder einen kräftigen Lunch.
Þingeyri | Fjarðargata 5 | Tel. 8 99 66 59 | www.simbahollin.is | Mitte Juni–Mitte Aug. tgl. 10–22, Anf.–Mitte Juni und Mitte–Ende Aug. 12–18 Uhr | €–€€€
30 km südl. von Ísafjörður

### ◎ ÓSVÖR SJÓMINJASAFN (FISCHEREISTATION ÓSVÖR)   ##

Am Ortseingang von Bolungarvík liegt die restaurierte Fischerniederlassung Ósvör, die an die Zeit erinnert, als noch mit Ruderbooten gefischt wurde. Zu besichtigen sind das Salzhaus für den Klippfisch, eine Trockenhütte und die Unterkunft der Fischer.
Bolungarvík | Aðalstræti 21 | Juni–Mitte Aug. Sa, So 10–16 Uhr | Eintritt 950 ISK, bis 16 Jahre frei
13 km nordwestl. von Ísafjörður

### ◎ WASSERFALL DYNJANDI    B2

Insgesamt bildet der Fluss Dynjandisá sechs Wasserfälle, die zusammen eine Gesamtfallhöhe von fast 200 m erreichen. Besonders beeindruckend ist die erste Stufe, der 100 m hohe Fjallfoss. An der oberen Kante misst er 30 m, fächert sich nach unten aber auf rund die doppelte Breite auf. Danach folgen noch fünf kleinere Wasserfälle.
87 km südl. von Ísafjörður

> **Das Spektakel der Seevögel**
>
> Die Seevögel am Vogelfelsen Látrabjarg, hauptsächlich sind es Papageitaucher, Eissturmvögel, Trottel- und Dickschnabellummen und Möwen, veranstalten einen Höllenspektakel (▶ S. 13).

### ★ LÁTRABJARG    A3

Die Halbinsel Látrabjarg ist der westlichste Punkt Europas und gehört mit ihren traumhaften Sandstränden Breiðavík und Rauðasandur sowie den Vogelfelsen – den größten im Nordatlantik – zu den schönsten Reisezielen in den Westfjorden. Auch die senkrechten Klippen, die sich mehr als 400 m aus dem Meer erheben, sind ein Erlebnis.

🕐 Kommen Sie früh in der Saison, im Juni, Juli, denn dann brüten die meisten Vögel.

### ÜBERNACHTEN
**Breidavík**
Solitärlage – Gästehaus, Schlafsackunterkunft, Motel. Alle Zimmer sind hell und sauber, aber klein und einfach bis nüchtern. Außerdem gibt es einen Campingplatz. Doch die Lage an einem der schönsten Strände Islands ist einfach umwerfend – vor allem bei Sonnenuntergang.
Tel. 4 56 15 75 | www.breidavik.is | 27 Zimmer | €€–€€€€

## SNÆFELLSJÖKULL  A4
Seit 2001 sind 167 qkm an der Spitze der Halbinsel Snæfellsnes als Snæfellsjökull-Nationalpark ausgewiesen. Sehenswert im Nationalpark sind die ungewöhnlichen Lavaformationen sowie die abwechslungsreiche Küste mit mehreren Seevogelkolonien.
Der 1446 m hohe Snæfellsjökull besitzt am Gipfel einen rund 200 m tiefen Krater. Der Gipfel ist zum Großteil von einem Gletscher bedeckt, der in den letzten Jahrzehnten allerdings rund die Hälfte seiner Größe verloren hat. Der Vulkan ist zum letzten Mal vor rund 1800 Jahren ausgebrochen, gilt aber trotzdem nicht als erloschen.
Der Snæfellsjökull fasziniert die Menschen schon seit ewigen Zeiten: Mehrere Sagas spielen hier und auch Halldór Laxness siedelte seine Romane »Am Gletscher« und »Weltlicht« hier an. Jules Verne ließ die Helden seines Romans »Reise zum Mittelpunkt der Erde« den Einstieg in die Unterwelt im Krater des Snæfellsjökull beginnen.

### SERVICE
AUSKUNFT
**Gestastofa Hellnar**
Tel. 4 36 68 88 | www.westiceland.is | Ende Mai–Mitte Sept. | Infomaterial sowie Ausstellung über den Nationalpark

> **Kaffee und Kuchen mit Aussicht**
>
> Starten Sie zu diesem rund einstündigen Spaziergang am winzigen Hafen von Arnarstapi und folgen dann dem Küstenweg bis nach Hellnar. In die Klippen hat die Brandung Höhlen gefressen und überall brüten Seevögel (▶ S. 13).

## STYKKISHÓLMUR  B3
1100 Einwohner
Der Ort liegt auf einer Halbinsel und ist umgeben von den Schären des Breiðafjörður. Stykkishólmur dient als Versorgungs- und Handelszentrum der Umgebung und bietet Zugangsmöglichkeiten nach Flatey. Vor allem am Hafen prägen viele schöne alte Holzhäuser in kräftigen Farben das Stadtbild.
Eine der Schären – Súgandisey – schützt den Hafen, der seit jeher den Lebensnerv des Ortes bildet. Einen guten Überblick über die Stadt und die Schären genießt, wer auf der Insel Súgandisey bis zum kleinen Leuchtturm hinaufsteigt. Auch von der modernen, strahlend weißen und weithin sichtbaren Kirche bietet sich ein guter Blick über die Stadt. Am dritten Wochenende im August werden seit 1995 die Dänischen Tage in Stykkishólmur mit Familienaktivitäten gefeiert.

## SEHENSWERTES
### Vatnasafn (Wasserbibliothek)
Die Wasserbibliothek ist eine Installation der amerikanischen Künstlerin Roni Horn. Sie besteht aus 24 Glassäulen, die mit Wasser von verschiedenen isländischen Gletschern gefüllt sind. Ihr Haus liegt auf einem Hügel in Hafennähe, durch die großen Fenster hat man einen schönen Ausblick.
Bókhlöðustígur 17 | www.libraryofwater.is | Juni–Aug. tgl. 13–18 Uhr | Eintritt 500 ISK

## MUSEEN UND GALERIEN
### Eldfjallasafn (Vulkanmuseum)
Der Vulkanologe Haraldur Sigurðsson sammelt alles, was mit Vulkanausbrüchen zu tun hat. Hier ist vor allem seine umfangreiche Gemäldesammlung zu sehen.
Aðalgata 6 | Tel. 4 33 81 54 | www.eldfjallasafn.is | Mai–Sept. tgl. 11–17 Uhr | Eintritt 800 ISK, bis 17 Jahre frei

### Norska húsið (Norwegisches Haus)
Árni Thorlacius ließ das Haus 1832 errichten und betrieb hier die erste Wetterstation Islands. Teilweise wieder im Originalzustand, dient das Norwegische Haus als Regionalmuseum, außerdem werden wechselnde Kunstausstellungen gezeigt.
Hafnargata 5 | Tel. 4 38 16 40 | Juni–Aug. tgl. 12–17 Uhr | Eintritt 800 ISK, bis 18 Jahre frei

## ESSEN UND TRINKEN
### Narfeyrarstofa
**Hochgelobt** – Antik und sehr gemütlich eingerichtet. Spezialität Fisch und Meeresfrüchte, einwandfrei zubereitet, teils mit Knoblauch oder ungewöhnlichen Zutaten. Immer voll, deshalb entweder früh kommen oder besser reservieren.
Aðalgata 3 | Tel. 4 38 11 19 | www.narfeyrarstofa.is | April–Mitte Okt. 11.30–22, sonst nur Sa, So 18–22 Uhr | €€€

## EINKAUFEN
### Gallerí Lundi
Verkauf von regional hergestelltem Kunsthandwerk.
Aðalgata 4 | Tel. 4 38 15 30 | Mai–Sept. 12–18 Uhr

### Berg der drei Wünsche
Schon seit der Wikingerzeit ist das Helgafell ein heiliger Berg. Hier soll die Heldin der Laxdalsaga, Guðrún Ósvifursdóttir, begraben sein. Der Volksglaube besagt, dass man drei Wünsche frei hat, wenn man den Hügel erklimmt (▶ S. 14).

## SERVICE
AKTIVITÄTEN
### Seatours
Touren zur Vogelbeobachtung und zum Angeln sowie Tagesausflüge zur Insel Flatey, außerdem Segeltouren mit Gourmetabendessen oder mit Sushi nach Wikingerart ganz frisch aus dem Meer.
www.seatours.is

ANKUNFT UND ABFAHRT
Die Autofähre »Baldur« verkehrt zwischen Stykkishólmur und Brjánslækur in den Westfjorden mit kurzem Stopp auf Flatey.
Büro im Hafen | Tel. 4 33 22 54 | www.seatours.is

Stykkishólmur (▶ S. 83), ein netter Ort in schöner Lage, ist ein idealer Ausgangspunkt für Touren zum Snæfellsjökull und für Ausflüge mit der Fähre in die Westfjorde.

AUSKUNFT
**Tourist Information Centre**
Borgarbraut 4 | Tel. 4 33 81 20 | www.stykkisholmur.is | Juni–Aug. 8–22 Uhr

## Ziele in der Umgebung
### ◎ HÓTEL BÚÐIR  ⬥ B 4

**Ein Gourmeterlebnis** – Der historische Handelsort Búðir, der seit der Landnahme bewohnt war, ist heute verlassen. Die einzigen Gebäude sind die kleine schwarze Holzkirche aus dem Jahr 1848 und das nach einem Brand neu erbaute Hotel. Wer die Einsamkeit liebt, wohnt hier in Solitärlage mit herrlicher Aussicht auf Meer und Berge. Unterschiedlich eingerichtete Zimmer sowie ein Restaurant der Extraklasse, das auf Fischgerichte spezialisiert ist. Daneben ist es auch für seine Lammspezialitäten bekannt. Frische lokale Produkte bestimmen die jahreszeitlich wechselnde Speisekarte. Gutes Weinangebot. Das Ambiente des Speiseraums ist romantisch, die Bar gemütlich. Das Hotel organisiert Touren zum Reiten, Fischen, Golfen.

Búðir | Tel. 4 35 67 00 | www.hotelbudir.is | 25 Zimmer | €€€–€€€€
72 km südwestl. von Stykkishólmur

# NORDISLAND UND AKUREYRI

*Tief ins Land einschneidende Fjorde, fast menschenleere Halbinseln und fruchtbare Täler kennzeichnen den Norden. Am Ende des Eyjafjörður liegt die zweitgrößte Stadt Islands – die sympathische Kleinstadt Akureyri.*

Der Norden reicht von der weiten Húnaflói-Bucht im Westen bis zur östlichsten Spitze Islands, der Halbinsel Langanes. Die südliche Grenze bildet das Hochland mit den Ausläufern der drei Gletscher Langjökull, Hofsjökull und Vatnajökull. Mehrere weit ins Land vordringende Fjorde schieben sich an der Küste zwischen große Halbinseln. Landeinwärts schließen sich an die Fjorde oft fruchtbare, ertragreiche landwirtschaftlich genutzte Täler an.

Im Nordwesten gab es schon vor der letzten Eiszeit keinen aktiven Vulkanismus mehr, deshalb konnten Gletscher die Landschaft formen und ließen bei ihrem Rückzug diese weiten Täler zurück. In Richtung Osten verändert sich die Landschaft, zahlreiche Vulkane und Thermalfelder sorgen für Dramatik. Je näher man der aktiven Riftzone kommt, die sich in einer Diagonalen durch die gesamte Insel zieht, desto öfter löst Tuff

◀ Akureyris große, moderne Kirche (▶ S. 87) beherrscht das Stadtbild.

den dunklen Basalt als vorherrschende Gesteinsart ab, zugleich zeugen immer mehr Lavafelder von nicht allzu lange zurückliegenden Vulkanausbrüchen. Vor allem rund um den **Mývatn-See** ⭐ begeistern vielfältige vulkanische Phänomene, der See selbst mit seinen grünen Inseln und Buchten wirkt jedoch wie ein liebliches Vogelparadies. Doch schon wenige Kilometer weiter dampft und zischt es, köcheln Schlammtöpfe vor sich hin und leuchten ganze Berge in kräftigen Gelb- und Orangetönen. Für viele dieser Landschaften ist der unruhige Zentralvulkan Krafla verantwortlich.

## ISLANDS ZWEITGRÖSSTE STADT

Die großen Halbinseln im Norden Islands sind fast menschenleer. Die meisten Ansiedlungen liegen am Ende der Fjorde, so auch Islands zweitgrößte Stadt Akureyri. Hier, im Inneren des Eyjafjörður, herrscht ein erstaunlich mildes Klima – obwohl der Polarkreis nicht mehr weit ist.

## AKUREYRI ⚑ E3

Stadtplan ▶ S. 89
18 100 Einwohner

Für Handel, Kultur, Ausbildung und Dienstleistungen bildet Akureyri das wichtigste Zentrum Nordislands. Hafen, Fischereiflotte, Fisch verarbeitende Betriebe, Reedereien, Brauerei, Universität und Tourismus sind die Hauptwirtschaftszweige. Der Reiz Akureyris für Besucher gründet auf einigen Museen, einer kleinen Altstadt mit bunten Holzhäusern, vielfältigen Einkaufsmöglichkeiten und Kulturveranstaltungen. Viele Events finden im modernen Kultur- und Kongresszentrum Hof direkt am Fjord statt, außerdem beherbergt es ein Restaurant sowie das Touristenbüro.

### SEHENSWERTES

**❶ Akureyrarkirkja**

Weithin sichtbar auf einem Hügel mitten in der Stadt erhebt sich das Wahrzeichen, die moderne Akureyrarkirkja. Den 1940 eingeweihten Betonbau hat der Staatsarchitekt Guðjón Samúelsson ebenso entworfen wie die Hallgrimskirche in Reykjavík. Das große Kirchenfenster stammt aus der im 2. Weltkrieg zerstörten Kathedrale von Coventry, die anderen stellen unten die isländische Kirchengeschichte dar.

Eyrarlandsvegur | Mo–Fr 10–19 Uhr

### MUSEEN UND GALERIEN

**Nonnahús** ▶ S. 89, südl. c 4

In dem kleinen Haus aus dem 19. Jh. verbrachte der Jesuitenpater und Autor

Jón Sveinsson, auch bekannt als Nonni, seine Kindheit. Das 1957 zum 100. Geburtstag von Nonni eröffnete Museum zeigt persönliche Gegenstände sowie alle seine Bücher, die er in Deutsch geschrieben hat. Bis heute wurden sie in etwa 40 Sprachen übersetzt.
Aðalstræti 54 | Tel. 4 62 35 55 | www.nonni.is | Juni–Aug. tgl. 10–17 Uhr | Eintritt 1000 ISK, bis 18 Jahre frei

### ❷ Sjónlistamiðstöðin (Zentrum für bildende Kunst)
Seit 2012 gibt es das Zentrum für Bildende Kunst, entstanden aus dem Zusammenschluss von Kunstmuseum, Ketilhús (Kesselhaus) und Deiglan (Schmelztiegel); alle befinden sich zentral in einer Straße, der sogenannten Kunstschlucht. Das Hauptaugenmerk liegt auf moderner Kunst.
Kaupvangsstræti 12 | Tel. 4 61 26 10 | www.listasafn.akureyri.is | Juni–Aug. Di–So 10–17, sonst 12–17 Uhr | Eintritt frei

### ÜBERNACHTEN
### ❸ Hótel Kea
**Komfortabel** – Vier-Sterne-Komfort im Business-Stil bietet das Haus im Zentrum. Am schönsten sind die Zimmer mit Balkon und Fjordblick.
Hafnarstræti 87–89 | Tel. 4 60 20 00 | www.hotelkea.is | 104 Zimmer | €€€

> **Picknick im Lustgarten**
> Die Vegetation Islands ist eher karg, umso erstaunlicher präsentiert sich die Blumenpracht im Botanischen Garten von Akureyri (Lystigarður akureyrar) auf einer kleinen Anhöhe (▶ S. 14).

### ESSEN UND TRINKEN
### ❹ Café Björk
**Im Grünen** – Das neue Café im Botanischen Garten besitzt natürlich eine Sonnenterrasse mit Blick auf blühende Blumen. Ideal für Kaffee und Kuchen oder eines der preiswerten Lunchangebote. Drinnen gibt es neben Tischen einen bequemen Loungebereich.
Eyrarlandsvegi 30 | Tel. 4 60 56 00 | tgl. 11–18 Uhr | €

### SERVICE
AKTIVITÄTEN
### Iceland Fishing Guide
Angelausflüge für Anfänger und Profis.
Tel. 6 60 16 42 | www.icelandfishingguide.com

### Pólar Hestar
Auf der Farm Grýtubakki leben mehr als 100 Islandpferde. Das isländisch-deutsche Paar Stefan und Juliane organisiert für Urlauber unterschiedlich lange Reittouren.
Grýtubakki | Tel. 4 63 31 79 | www.polarhestar.is

### Walbeobachtung
Die »Ambassador«, ein ehemaliges deutsches Polizeischiff, wurde in Island zum Walbeobachtungs-Boot umfunktioniert. Von Mai bis Oktober werden täglich zwei bis drei Touren angeboten.
Tel. 4 62 68 00 | www.ambassador.is | Drei-Stunden-Tour 10 990 ISK, 7–15 Jahre 5500 ISK

AUSKUNFT
### Tourist Information
Strandgötu 12 | Tel. 4 50 10 50 | www.visitakureyri.is | Mitte Juni–Ende Sept. tgl. 8–18.30 Uhr, sonst kürzer

Akureyri – Goðafoss | 89

## Ziele in der Umgebung
### GAMLI BÆRINN LAUFÁS  E2
In dem typisch isländischen Grassodenhof lebten früher 20 bis 30 Menschen, damit war er erheblich größer als die meisten zu dieser Zeit bewirtschafteten Höfe. Die Innenräume spiegeln heute die Zeit um 1900 wider, bewohnt war das Anwesen bis 1936. Die mit weißen Brettern verkleidete Front, die gegen Ende des 19. Jh. entstand, zeugt davon, dass Laufás zu dieser Zeit ein reicher Hof war.

Grýtubakkahreppur | Tel. 4 63 31 96 | www.minjasafnid.is | Juni–Aug. tgl. 9–17 Uhr | Eintritt 1000 ISK, bis 18 Jahre frei
30 km nordöstl. von Akureyri

### GOÐAFOSS  E2
Der Götterfall Goðafoss verdankt seinen Namen dem Goden Þorgeir, der sich vor rund 1000 Jahren in Þingvellir zum Christentum bekannte und daraufhin seine heidnischen Götterstatuen in diesen Wasserfall geworfen haben

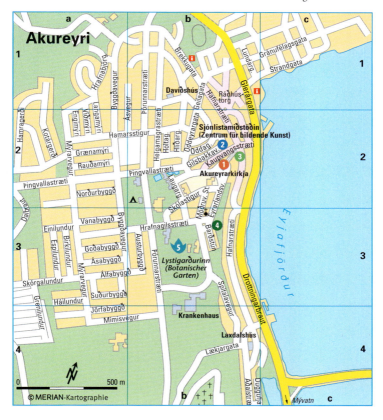

soll. Der Wasserfall besitzt zwar nur eine Fallhöhe von 10 m, doch das Wasser ergießt sich auf breiter Front fotogen in die Tiefe.
40 km östl. von Akureyri

## HÚSAVÍK  E2
2200 Einwohner

Der kleine Ort an der weiten Skjálfandi-Bucht lebt von Fischfang und Fischverarbeitung. Doch seit einiger Zeit gilt Húsavík als einer der besten Orte, um Wale zu beobachten, was Touristen scharenweise anlockt. Die Eiligen unter ihnen erreichen den Ort per Inlandsflug. Außerdem lohnt die stattliche Holzkirche von 1907 einen näheren Blick, für eine aussichtsreiche Wanderung bietet sich die Besteigung des Hausberges Húsavíkurfjall östlich des Ortes an.

### MUSEEN UND GALERIEN
#### Hvalasafnið á Húsavík (Walmuseum)

Im ehemaligen Schlachthaus befindet sich jetzt ein Walmuseum, das keine Wünsche offen lässt und umfassend über die riesigen Meeressäuger wissenschaftlich korrekt und trotzdem unterhaltsam informiert. Eine sehr anschauliche Vorstellung von der Größe der Wale vermitteln die von der Decke hängenden Skelette. Eine ideale Ergänzung zu einer Walsafari.
Das Museum betreibt eine »Walschule«, um Schülern allen Alters Wale und ihre Lebensumstände näherzubringen.
Hafnarstétt 1 | Tel. 4 14 28 00 | www.whalemuseum.is | Juni–Aug. tgl. 8.30–18.30, April, Mai, Sept. 9–16, sonst Mo–Fr 10–12 und 13–15.30 Uhr | Eintritt 1400 ISK, 10–18 Jahre 500 ISK

Ein Buckelwal zeigt sich zur Freude der Touristen ganz nah bei einem Walbeobachtungsboot. Die Walsafaris (▶ MERIAN-TopTen, S. 91) in der Bucht von Húsavík sind lohnenswert.

## ESSEN UND TRINKEN

### Gamli Baukur

**Mit Blick auf den Hafen** – Im Innern des urigen, aus Treibholz errichteten Hauses erfreut die nautische Sammlung jeden Seebären. Ebenso erfreulich sind die Fischgerichte und das Lamm. Am Abend oft Livemusik, die von Pop über Klassik, Blues und Jazz bis Heavy Metall variiert. Im Sommer ist die Sonnenterrasse besonders beliebt.
Hafnarstett 9 | Tel. 4 64 24 42 | www.gamlibaukur.is | So–Mi 11.30–23, Do bis 1, Fr, Sa bis 3 Uhr | €€–€€€

## SERVICE

AKTIVITÄTEN

 **Walsafari**

Zwei Veranstalter wetteifern um die Gunst der Kunden – ohne eindeutigen Sieger, weder bei den Erfolgsaussichten noch beim Preis. Mehrmals täglich tuckern die restaurierten Eichenholzboote, die wegen ihrer leisen Maschinen ideal zur Walbeobachtung sind, aus dem Hafen. Weit brauchen sie in der Regel nicht zu fahren, denn die Wale, darunter Zwergwale, Buckelwale, Pottwale, Schweinswale und Finnwale, finden in der Bucht ideale Verhältnisse vor. Wegen der angeblich 99%-igen Erfolgsgarantie bezeichnet sich Húsavík als »Hauptstadt der Walbeobachtung Europas«.
– Gentle Giants | Tel. 4 64 15 00 | www.gentlegiants.is | Drei-Stunden-Tour 9100 ISK, 7–15 Jahre 3900 ISK
– North Sailing | Tel. 4 64 72 72 | www.northsailing.is | Drei-Stunden-Tour 9300 ISK, 7–15 Jahre 3800 ISK
Ticketbüros direkt am Hafen, Reservierung am Vortag empfehlenswert, Saison April–Oktober

AUSKUNFT

### Tourist Information

Húsavíkurstofa | Hafnarstétt 1 | Tel. 4 64 43 00 | www.visithusavik.com | geöffnet wie das Walmuseum

## JÖKULSÁRGLJÚFUR (SCHLUCHT DER JÖKULSÁ)　　F2

Die Schluchten des Gletscherflusses Jökulsá á Fjöllum, die Ásbyrgi-Schlucht, mehrere Wasserfälle, darunter der Dettifoss und zahlreiche Lavaformationen gehören zu den Sehenswürdigkeiten des 120 qkm großen Jökulsárgljúfur-Nationalparks, der seit 2008 einen Teil des Vatnajökull-Nationalparks bildet. Insgesamt ist die Schlucht der Jökulsá 25 km lang, 500 m breit und bis zu 120 m tief. Damit ist sie die größte Erosionsschlucht Islands. Vor kalten Winden geschützt sowie dank der Feuchtigkeit gedeiht auf ihrem Grund stellenweise eine dichte Vegetation.

### SEHENSWERTES

### Ásbyrgi

Rund 3,5 km lang, 1 km breit und 100 m tief ist die Ásbyrgi-Schlucht. Der in sie hineinragende Keil Eyran verleiht ihr das Aussehen eines Hufeisens. Im Volksglauben soll Odins achtbeiniges Pferd Sleipnir diesen Hufabdruck hinterlassen haben. Vom Campingplatz kann man den Keil relativ einfach erklimmen und so die Hufeisenform besonders gut erkennen.

### Dettifoss

Die Jökulsá á Fjöllum entspringt am Nordrand des Vatnajökull, sie entwässert mehrere Zungen des riesigen Gletschers und wird so zu einem der mächtigsten Flüsse Islands. Oft fließt sie eher gemächlich, bildet Mäander und Schwemmlandebenen, doch ihre von Sedimenten graubraun gefärbten Fluten stürzen auch über mehrere Wasserfälle in die Tiefe. Der 12 m hohe Selfoss macht den Anfang, dann kommt der 44 m hohe und 100 m breite Dettifoss, unterhalb liegt noch der 27 m hohe Hafragilsfoss. Die Erosionswirkung des Wassers ist so stark, dass die Schlucht immer tiefer wird und die Fallkante des Dettifoss jedes Jahr bis zu 1 m weiter flussaufwärts wandert. Alle drei Wasserfälle sind durch einen markierten Wanderweg miteinander verbunden.

**SERVICE**

AUSKUNFT

**Tourist Information**

Beim Campingplatz in Ásbyrgi

## MELRAKKASLÉTTA  F 1/2

Die Halbinsel Melrakkaslétta ragt im Nordosten Islands zwischen Öxarfjörður und Þistilfjörður in den Nordatlantik. Im Westen der Halbinsel wird das spärliche Grün oft von Geröll unterbrochen. Der mit kleinen Seen und Mooren gesprenkelte Osten wirkt etwas freundlicher. Im Deutschen bedeutet der Name »Ebene der Polarfüchse«. Die gibt es hier reichlich, vielleicht auch, weil viele Menschen mittlerweile weggezogen sind. Die beiden Orte Kópasker und Raufarhöfn sind winzig und verschlafen, ansonsten liegt an der Küstenstraße noch hin und wieder ein Bauernhof, aber nicht alle sind noch bewirtschaftet. Man mag es kaum glauben, aber Raufarhöfn war früher einer der bedeutendsten Heringsorte und Exporthäfen. Einige

rostige Fabrikanlagen erinnern noch an diese Zeit. Warum also den Umweg machen? Weil man sich hier am nördlichsten Ende Islands befindet, weil es ein reiches Vogelleben gibt und weil so nah am Polarkreis fast die Mitternachtssonne scheint. Wer Island von seiner rauen, ungezähmten Seite fast ohne Touristen erleben möchte und Freude an einsamen Stränden mit Unmengen an Treibholz hat, sollte diesen Abstecher machen.

Auf einem Hügel bei Rafarhöfn entsteht mit dem Arktischen Steinkreis ein sonderbares Kunstwerk. Nach der Fertigstellung wird es an Stonehenge erinnern und einen Durchmesser von 50 m haben.

## ⭐ MÝVATN  F 3

Der viertgrößte See Islands besitzt nur eine maximale Tiefe von 4 m, Inseln und Buchten gliedern seine Ufer, die von sattgrünem Gras bedeckt sind. Auf den Wiesen weiden Schafe und Pferde. Die liebliche Landschaft wird obendrein von der Sonne verwöhnt, denn ein Großteil der Niederschläge regnet sich am Vatnajökull ab. Im Wasser tummeln sich viele Forellen und auf dem See schwimmen neben Singschwänen und Ohrentauchern auch diverse Entenarten. Leider trägt der Mývatn (Mückensee) den Namen zu Recht, zumindest zeitweise. Die Zuckmücken sind harmlos, doch die kleinen Kriebelmücken sind lästige Blutsauger. Der friedliche See und das Grün Drumherum täuschen über die vielfältigen vulkanischen Aktivitäten in seiner Nähe entlang der auseinanderdriftenden eurasischen und amerikanischen Kontinentalplatten.

## SEHENSWERTES

Reykjahlið am Nordostufer des Sees ist das größte Touristenzentrum mit Hotels, Gästehäusern und Campingplätzen. Beim sogenannten Mývatn-feuer 1729 entgingen die Menschen hier nur knapp einer Katastrophe, als der Lavastrom – der noch heute zu erkennen ist – die Häuser zerstörte, aber nicht die Kirche auf dem Hügel, in die sie sich geflüchtet hatten.

Am Ostufer sticht der 463 m hohe Tuffring Hverfjall, einer der größten Explosionskrater weltweit, ins Auge. Nicht weit entfernt liegt Dimmuborgir (Dunkle Burgen), ein Areal mit bizarren Lavaformationen. Mit ein wenig Fantasie erkennt man in den Lavatürmen Gesichter und Figuren, die an Trolle erinnern.

Am Südufer bei Skútustaðir gibt es zahlreiche grüne Hügel, sogenannte Pseudokrater. Es sind keine Vulkanschlote, ihre Entstehung geht auf Dampfexplosionen über einem Lavastrom zurück.

Auf den moorigen Wiesen im Westen lassen sich besonders gut vielerlei Vögel beobachten.

## ÜBERNACHTEN

Der Mývatn gehört zu dem beliebtesten Reisezielen Islands, das Angebot an Übernachtungsmöglichkeiten in unmittelbarer Seenähe reicht – vor allem wegen der vielen Gruppen – nicht aus, die Preise sind deshalb hoch. Daher möglichst rechtzeitig reservieren. Angebote unter: www.myvatn-hotels.com

### Vogafjós Guesthouse 🛉🛉

**Naturnah** – Kleine, gemütliche, relativ neue Hütten im Blockhausstil auf einer Farm. Wer früh genug aufsteht, kann beim Frühstück im Cowshed-Café beim Melken der Kühe zuschauen.

Vogar │ Tel. 4 64 43 03 │ www.vogafjos.net │ 20 Zimmer │ €€€

## ESSEN UND TRINKEN

### Cowshed-Café 🛉🛉

**Lokale Küche** – Beim Essen kann man durch eine Glasscheibe direkt in den Kuhstall schauen. Lokale Spezialität ist das »hverabrauð« (Geysirbrot), ein dunkles Roggenbrot, das stundenlang im Erdofen gebacken wird. Außerdem hausgebackener Kuchen, Lamm und Forelle. Viele Rohwaren kommen direkt von der eigenen Farm.

Vogafjós │ Tel. 4 64 43 03 │ tgl. 8–23 Uhr │ €–€€€

## SERVICE

AKTIVITÄTEN

### Jarðböðin við Mývatn (Myvatn Naturbad) 🛉🛉

So schön wie die Blaue Lagune, nur nicht so groß und so überlaufen – auch der Preis ist noch fair. Vom Planschbecken mit milchig-blauem Wasser zwischen Lavafelsen bietet sich ein toller Blick auf den Mývatn. Außerdem natürliche Dampfbäder.

Jardbadsholar │ Tel. 4 64 44 11 │ www.jardbodin.is │ Juni–Aug. tgl. 9–24, sonst 12–22 Uhr │ Eintritt 3000–3700 ISK, 12–15 Jahre 1000–1300 ISK

### Mýflug Air

Im Sommer gibt es tägliche Rundflüge über Mývatn, Dettifoss, Jökulsá Canyon, Askja, Kverkfjöll und die Insel Grimsey.

Tel. 4 64 44 00 │ www.myflug.is │ 20 Min. 90 €, 1 Std. 165 €

AUSKUNFT
**Tourist Information**
Reykjahlið | Mývatnsstofa | Hraunvegi 8 | Tel. 4 64 43 90 | www.visitmyvatn.is | Juni–Aug. tgl. 7.30–20.30, sonst Mo–Fr 9–12 Uhr

## Ziele in der Umgebung

◎ **KRAFLA**  F2

Im 18. Jh. war der Zentralvulkan Krafla für eine ganze Ausbruchsserie, das sogenannte Mývatn-Feuer, verantwortlich. Dabei entstanden der Viti-Krater und die Leirhnjúkurspalte, die jeweils große Magmamengen förderten. Letztmals war der Vulkan beim sogenannten Krafla-Feuer zwischen 1975 und 1984 aktiv. Das Geothermalkraftwerk Kröfluvirkjun zapft die Energie aus dem Erdinnern an. Im Visitor Centre nur einige Kilometer nordöstlich vom Mývatn kann man sich über Bau und Betrieb der Anlage informieren (Juni–Aug. tgl. 10–17 Uhr). Kurz hinter dem Kraftwerk beginnen am Parkplatz Spazierwege zum Viti-Krater, an dessen Grund es einen grünen See gibt, sowie zum Lavafeld Leirhnjúkur.

18 km nordöstl. von Mývatn

◎ **NÁMAFJALL** [8]  F3

Der Berg Námafjall ist ein aktiver Vulkan, es führen markierte Wanderwege hinauf. Von seinem Gipfel hat man eine gute Aussicht über den See Mývatn und die Wüste Möðrudalsöræfi. An seiner Ostseite liegt das Hochtemperaturgebiet Hverarönð. In diesem Gebiet, einem der bekanntesten Islands, gibt es Solfataren, kochende Schlammtümpel und Schlammtöpfe sowie Fumarolen verschiedenster Art.

Inmitten der kargen Landschaft des Hochtemperaturgebiets Hverarönð (▶ S. 94) brodeln und kochen die Schlammtöpfe – nur gut, dass Bilder nicht riechen können.

Im Hochtemperaturgebiet auf der Westseite befindet sich das kleine Geothermalkraftwerk Bjarnaflag mit dem türkisfarbenen Überlaufsee, in dem früher sogar gebadet wurde. Das ist heute nicht mehr möglich, da das Wasser mittlerweile zu heiß geworden ist.
8 km östl. von Mývatn

## SAUÐÁRKRÓKUR  ⚓ D2
2600 Einwohner

Sauðárkrókur am Ende des breiten Fjordes Skagafjörður liegt in einer fruchtbaren Gegend, in der Landwirtschaft und Pferdezucht betrieben werden. Fast jeder Hof züchtet Islandpferde, viele bieten Reiturlaub an. Entlang der schnurgeraden Hauptstraße fallen nur einige bunte Holzhäuser ins Auge, ansonsten wirkt Sauðárkrókur modern.

### ÜBERNACHTEN
#### Hótel Tindastóll

**Traditionsbewusst** – Das norwegische Holzhaus könnte viel erzählen, auch dass es mehrfach zerlegt und an anderen Orten wieder aufgebaut wurde. Seit 1884 steht es in Sauðárkrókur und beherbergt Gäste. Die individuellen Zimmer sind überwiegend nostalgisch mit Stilmöbeln eingerichtet. Im Anbau befinden sich nur moderne Zimmer.
Lindargata 3 | Tel. 4 53 50 02 | www.hoteltindastoll.com | 10 Zimmer | €€–€€€

### ESSEN UND TRINKEN
#### Ólafshús

**Beliebt zur Lunchzeit** – Das blaue Haus auf der Hauptstraße kann man nicht übersehen. Die Speisekarte bietet viel, von Pasta bis zu Hummer.

Aðalgata 15 | Tel. 4 53 64 54 | www.olafshus.is | tgl. 11–22.30 Uhr | €–€€€€

### SERVICE
AKTIVITÄTEN
#### Lýtingsstaðir 🏇

Seit knapp 20 Jahren lebt die Brandenburgerin Evelyn Kuhne auf dem Islandpferde-Hof Lýtingsstaðir ungefähr 45 km südlich von Sauðárkrókur. Sie bietet Reittouren für Anfänger und Fortgeschrittene an. Wer möchte, kann in drei Holzhütten übernachten.
Tel. 4 53 80 64 | www.lythorse.com | €–€€

AUSKUNFT
#### Tourist Information
Aðalgata 16b | Tel. 4 55 61 61 | www.visitskagafjordur.is | Juni–Aug. tgl. 13–19 Uhr

## Ziele in der Umgebung
◎ GLAUMBÆR 🏇  ⚓ D3

Die ältesten Teile des Museumshofes stammen vom Ende des 18. Jh., bewohnt wurden die kleinen Torfhäuser noch bis 1947. Es ist eines der am besten erhaltenen historischen Gehöfte in klassischer Torfrasenbauweise. Die Größe des Gehöfts sowie die mit Holz verkleidete Front lassen vermuten, dass es einst ein wohlhabender Hof gewesen sein muss. Der zentrale Raum, die Baðstofa, in dem alle arbeiteten, aßen und schliefen, ist noch vollständig eingerichtet. Im gelben Haus nebenan befindet sich das gemütliche Café Áskaffi mit nostalgischer Einrichtung.
Tel. 4 53 61 73 | www.glaumbaer.is | 20. Juni–20. Sept. tgl. 9–18 Uhr | Eintritt 1200 ISK, bis 15 Jahre frei
18 km südl. von Sauðárkrókur

## ◎ HEIMILISIÐNAÐARSAFNIÐ (TEXTILMUSEUM) 📍 D3

Im Museum sind eine Sammlung handgearbeiteter Seil- und Textilwaren, verschiedene Trachten sowie Sonderausstellungen von bekannten Textilkünstlern zu sehen. Ein Teil des Museums, die Halldórustofa, ist Halldóra Bjarnadóttir (1873–1981), der ältesten Isländerin, gewidmet.

Blönduós | Árbraut 29 | Tel. 4 52 40 67 | www.textile.is | Juni–Aug. tgl. 10–17 Uhr | 900 ISK, bis 16 Jahre frei 48 km westl. von Sauðárkrókur

## ◎ VÍÐIMÝRARKIRKJA 📍 D3

Die winzige Kirche wurde 1834 errichtet und ist eine der wenigen Torfkirchen, die erhalten geblieben ist. Die Altartafel stammt aus Dänemark (1616). Der kleine Innenraum ist sehr einfach gehalten und fast gänzlich ohne Schmuck, so sind selbst die Bretter der Dachkonstruktion und die Balken zu sehen. In den engen Bänken auf der Nordseite saßen früher die Frauen, die Männer hatten die Südseite für sich. Die Reichen durften vorne Platz nehmen, die Armen mussten auf den Hinterbänken sitzen.

Víðimýri | www.thjodminjasafn.is | Mai–Mitte Sept. tgl. 10–17, sonst Di–So 11–17 Uhr | Eintritt 1500 ISK, bis 18 Jahre frei 28 km südl. von Sauðárkrókur

## SIGLUFJÖRÐUR 📍 E2

1200 Einwohner

Die nördlichste Stadt Islands liegt am gleichnamigen Fjord inmitten einer rauen und unwirtlichen Landschaft. Der Norden der Halbinsel Tröllaskagi leidet unter schneereichen Wintern, eisigen Nordwinden und kargen Böden, die selbst für die Schafzucht nicht ausreichen. Doch die Heringsfischerei machte um 1900 aus dem winzigen Dorf fast über Nacht die fünftgrößte Stadt des Landes. In mehr als 20 Fangstationen wurde der Hering gesalzen und in Fässern eingelegt. Was sich nicht zum Salzen eignete, wurde zu Tran und Mehl verarbeitet. Leider war das Meer nach nicht einmal 50 Jahren leer gefischt und Siglufjörður musste sich gesundschrumpfen. Heute wird zwar wieder gefischt, aber nur noch in einem verträglichen Umfang.

### MUSEEN UND GALERIEN

**Síldarminjasafnið (Heringsmuseum)**

Das Museum erinnert an die goldene Ära des Ortes. Drei Gebäude einer ehemaligen norwegischen Heringsfangstation geben den historisch korrekten Rahmen. Zu sehen sind Ausstellungen zum Alltagsleben der Arbeiter sowie die Verarbeitung der Heringe zu Öl und Mehl. In einer ehemaligen Bootshalle wurde ein Teil des Hafens mit mehreren Booten rekonstruiert.

Snorragata 15 | Tel. 4 67 16 04 | www.sild.is | Juni–Aug. tgl. 10–18, sonst 13–17 Uhr | 1400 ISK, 16–20 Jahre 800 ISK, unter 16 Jahren frei

### ESSEN UND TRINKEN

Direkt am Hafen fallen drei Gebäude in kräftigen Farben auf. Im gelben Haus befindet sich das Hannes Boy Café, ein Restaurant mit kleiner, aber ansprechender Speisekarte. Im roten Haus daneben bietet das Kaffi Raudka eine gute Kuchenauswahl sowie kleine Gerichte. Im blauen Haus stellt eine Galerie Kunsthandwerk aus.

**SERVICE**
AUSKUNFT
**Tourist Information**
– im Heringsmuseum | Tel. 4 67 15 55
– in der Bibliothek | Gránugötu 24 |
Mo–Fr 13.30–17 Uhr

## Ziele in der Umgebung

 **GRÍMSEY**
100 Einwohner

Eine klitzekleine Dorfkirche mit einem unechten Leonardo-da-Vinci-Gemälde, zwei Pensionen und Vögel en masse – das finden Gäste auf dem 5,3 qkm kleinen Eiland Grímsey. In rund fünf Stunden ist Grímsey – wohlgemerkt zu Fuß – umrundet, dabei geht es vorbei an beeindruckenden Basaltsäulen, schroffen Klippen und einem kleinen Felsstück, das geografisch in die Arktis hineinragt, sprich nördlich des Polarkreises liegt. Als Beweis für zu Hause gibt es ein Polarkreis-Zertifikat.

Im Sommer verbindet die Fähre »Sæfari« Dalvík mit Grímsey (www.saefari.is), außerdem gibt es Flüge von Akureyri und Reykjavík.

80 km nördl. von Siglufjörður

> **Mystisch leuchtender Nachthimmel**
>
> Die meisten Besucher kommen im Sommer nach Island, doch auch der Winter hat seinen Reiz – verschneite Vulkanlandschaften und vor allem Polarlichter von grün über rot bis violett, die zu den faszinierendsten Naturphänomenen gehören (▶ S. 14).

In Siglufjörður (▶ S. 96) kann man in den bunten Häusern am Hafen seinen Hunger stillen. Oder man besucht das preisgekrönte Heringsmuseum, das größte Meeresmuseum Islands.

# OSTISLAND

*In die Nordostküste wölben sich drei große Buchten – Bakkaflói, Vopnafjörður und Héraðsflói. Weiter südlich werden die Fjorde enger, wobei der größte, der Reyðarfjörður, rund 30 km ins Landesinnere vordringt.*

Wegen der oft nur schmalen Küstenstreifen und des unzugänglichen Berglandes bleibt nur wenig Platz für Ansiedlungen. Nur am Ende einiger Fjorde reichen grüne Täler ins Landesinnere. Die Straßen führen um jeden Fjord herum, was das Reisen zeitintensiv macht. Als Belohnung warten aber immer wieder spektakuläre Ausblicke. Im Innern der Fjorde liegen geschützte Häfen, seit jeher die Lebensgrundlage der meist winzigen Orte. Die goldenen Zeiten des Heringsbooms sind auch hier längst vorbei, verlassene Höfe und sinkende Einwohnerzahlen zeugen von den Schwierigkeiten. Die Ringstraße – Hauptverkehrsader der Insel – verläuft über weite Strecken in einiger Entfernung zur Küste, einige Orte wie Bakkagerði, Seyðisfjörður oder Neskaupstaður liegen zudem am Ende von Sackgassen und im Winter blockiert häufig Schnee die Passstraßen, was die Ortschaften noch mehr vom Rest der Insel abschneidet.

Djúpivogur | 99

◀ Der Hengifoss (▶ S. 102) ist einer der höchsten Wasserfälle Islands.

Die Ostfjorde besitzen Ähnlichkeit mit den Westfjorden, nur dass hier alles eine Nummer kleiner ausfällt, aber mindestens ebenso schön ist. Auch diese Region ist geologisch relativ alt, denn sie liegt weit entfernt von den vulkanisch aktiven Zonen der Insel. Typisch ist deshalb der dunkle, oft vielfach geschichtete Basalt, der seine heutige Form den Gletschern der letzten Eiszeit verdankt.

## ZUKÜNFTIGER TOURISMUS

Tourismus spielt im Osten Islands bis jetzt noch keine große Rolle, obwohl sich die Infrastruktur in letzter Zeit verbessert hat und einige Kreuzfahrtschiffe hier Station machen. Vor allem Wanderer sollen mit markierten Wegen vermehrt in die Region gelockt werden.

# DJÚPIVOGUR   G 4

400 Einwohner

Der Ort liegt auf einer Landzunge zwischen Berufjörður und Hamarsfjörður und bietet mit seinen bunten Häusern vor dem pyramidenförmigen, gut 1000 m hohen Búlandstindur einen schönen Anblick. Wegen des guten Hafens unterhielten hier schon die Kaufleute der Hanse eine Niederlassung.

### MUSEEN UND GALERIEN

#### Langabúð

Das große rote Holzhaus beim Hafen von 1790 ist das älteste Gebäude des Ortes. Heute dient es als Kulturzentrum sowie Heimat- und Kunstmuseum, das vor allem Werke des Bildhauers Ríkarður Jónsson (1888–1977) zeigt.
Búð 1 | Tel. 4 78 82 20 | Mitte Mai–Mitte Sept. tgl. 11–18 Uhr | Eintritt 500 ISK, bis 18 Jahre frei

### ÜBERNACHTEN

#### Hótel Framtíð

**Mit Blick auf den Hafen** – Das Hotel besteht aus einem liebevoll sanierten historischen Teil von 1905 und einem separaten Neubau. Zimmer mit und ohne Bad, auch Schlafsackunterkünfte, Restaurants mit isländischer Küche.
Vogalandi 4 | Tel. 4 78 88 87 | www.simnet.is/framtid | 46 Zimmer | €–€€€

### SERVICE

AKTIVITÄTEN

Im Sommer werden Fahrten zur unbewohnten Vogelinsel Papey angeboten.
Tel. 8 62 43 99

AUSKUNFT
#### Tourist Information
Bakki 3 | Tel. 4 78 82 04 | www.djupivogur.is | Mitte Mai–Mitte Sept. Mo–Fr 9–17, Sa, So 12–16 Uhr

## Ziele in der Umgebung

### ◎ FÁSKRÚÐSFJÖRÐUR  H 3/4

700 Einwohner

Französische Fischer hatten in dem Ort bis zum Anfang des 20. Jh. ihre wichtigste Niederlassung in den Ostfjorden. Noch heute sind alle Straßennamen zweisprachig isländisch und französisch.

110 km nordöstl. von Djúpivogur

#### ÜBERNACHTEN

**Fosshótel Austfirðir** 🚩

**Neu eröffnet** – Dem Hotel in Fáskrúðsfjörður an der Ostküste Islands sieht man seine bewegte Geschichte nicht an. Im Herbst 2010 wurde das ehemalige französische Hospital für die Restauration wieder nach Fáskrúðsfjörður gebracht. Ein Teil des Hauses beherbergt jetzt eine Ausstellung über die französischen Fischer (tgl. 10–18 Uhr), der Rest ein Hotel mit großen, hellen Räumen und ebensolcher Lobby. Die Lage direkt am Wasser mit eigenem Bootssteg sorgt für fantastische Ausblicke. Das hervorragende Restaurant L'Abri serviert französisch orientierte Speisen.

Fáskrúðsfjörður | Hafnargata 11–14 | Tel. 4 70 40 70 | www.fosshotel.is | 26 Zimmer | €–€€

#### ESSEN UND TRINKEN

**Café Sumarlína**

**Französisch angehaucht** – Die Terrasse mit Blick auf den Fjord und die Bergkulisse ist konkurrenzlos. Empfehlenswert zum Lunch oder zwischendurch: Fischsuppe, Crêpes, selbst gebackener Kuchen.

Búðavegur 59 | Tel. 4 75 15 75 | im Sommer tgl. 11–22 Uhr | €–€€

### SERVICE

AUSKUNFT

**Tourist Information**

Búðavegur 17 | Tel. 4 70 90 00

### ◎ STÖÐVARFJÖRÐUR  H 4

200 Einwohner

In dem winzigen Ort am gleichnamigen Fjord legen nicht nur alle Reisebusse einen Stopp wegen Petras Steinsammlung ein.

83 km nordöstl. von Djúpivogur

#### SEHENSWERTES

**Steinasafn Petru**

Petra Sveinsdóttir war schon immer von Steinen fasziniert und begann in ihrer Jugend mit dem Sammeln. Mittlerweile beherbergt ihr Haus eine außergewöhnliche Steinsammlung und auch ihr Garten ist voller Steine und Mineralien. Die meisten Fundstücke stammen aus der Umgebung ihres Heimatortes Stöðvarfjörður.

Fjarðarbraut 21 | Tel. 4 75 88 34 | www.steinapetra.is | Mai–Sept. tgl. 9–18 Uhr | Eintritt 1000 ISK, bis 14 Jahre frei

#### MUSEEN UND GALERIEN

**Gallerí Snærós**

Zwei einheimische Künstler zeigen in dieser alteingesessenen Galerie ihre vielfältigen Werke: Gemälde, Grafiken, Keramik, Schmuck und Textilien.

Fjarðarbraut 42 | Tel. 4 75 89 31 | Juni–Sept. tgl. 11–17 Uhr

#### ÜBERNACHTEN

**Kirkjubær**

**Kirchen-Feeling** – Die kleine blauweiße Kirche auf einem Hügel im Ort ist nicht zu übersehen. Doch sie dient schon lange nicht mehr als Gotteshaus,

Fáskrúðsfjörður – Egilsstaðir | 101

Die Isländer lieben kräftige Farben wie hier als Hausanstrich im Fischerort Eskifjörður
(▶ S. 102) am Ufer des gleichnamigen Fjords im äußersten Osten Islands.

sondern als Hostel und Ferienhaus. Altar, Kanzel und Chorempore sind erhalten geblieben und so hat man noch das Gefühl, in einer Kirche zu nächtigen. Einfache Schlafsackunterkunft für bis zu 10 Personen, Kirkjubær kann aber auch komplett als Ferienhaus gemietet werden.
Fjardarbraut 37a | Tel. 8 92 33 19 | www.simnet.is/birgiral | €

## EGILSSTAÐIR  G3

2300 Einwohner

Der größte Ort Ostislands fungiert seit dem Bau der Brücke über den Lagarfljót als Verkehrsknotenpunkt und Dienstleistungszentrum. Er liegt in einem grünen Tal, das landwirtschaftlich genutzt wird. Der Ort wurde erst 1947 gegründet und hat einen Flughafen und ein Krankenhaus.

### MUSEEN UND GALERIEN
#### Minjasafn Austurlands (Ostisländisches Heimatmuseum)
Das kleine Museum präsentiert die Kulturgeschichte der Region, unter anderem ein Farmhaus aus dem 19. Jh. und eine Brosche aus der Wikingerzeit.
Laufskógar 1 | Tel. 4 71 14 12 | www.minjasafn.is | Juni–Aug. tgl. 13–17 Uhr | Eintritt 800 ISK, bis 18 Jahre frei

### SERVICE
AUSKUNFT
#### East Iceland Tourist Info
Im Haus befindet sich neben der Tourist Info auch Hús Handanna Art & Design, ein gut sortierter Souvenir- und Kunsthandwerkladen.
Miðvangi 2–4 | Tel. 4 71 23 20 | www.east.is | Juni–Aug. Mo–Fr 8–18, Sa, So 10–16, sonst Mo–Fr 10–16 Uhr

## Ziele in der Umgebung

### ◎ BORGARFJÖRÐUR  H3
100 Einwohner

Rund um Borgarfjörður laden markierte Wege zu kurzen oder längeren Wanderungen ein. Lohnende Tagesausflüge führen auf den Aussichtsberg Staðarfjall oder zu den Felsbrocken von Stórurð, die von einem Bergrutsch an der Westflanke vom Dyrfjöll stammen. Eine mehrtägige Wanderung führt bis nach Seyðisfjörður.

70 km nordöstl. von Egilsstaðir

> **Audienz bei der Elfenkönigin** 7
>
> Viele Isländer glauben an Elfen, Feen und Trolle. Wenn Sie sich auf die Suche nach ihnen machen wollen, fahren Sie nach Bakkagerði, einen der abgelegensten Orte im Osten Islands (▶ S. 15).

### ◎ ESKIFJÖRÐUR  H3
1000 Einwohner

Eskifjörður ist ein Fischerort am Nordufer des tief eingeschnittenen, gleichnamigen Fjordes. In einem Handelshaus vom Ende des 18. Jh., Gamlabúð, befindet sich heute ein interessantes Fischerei- und Seefahrtmuseum.

55 km südöstl. von Egilsstaðir

#### ÜBERNACHTEN
**Ferðaþjónustan Mjóeyri** ▶ S. 24

### ◎ LAGARFLJÓT  G3

Südwestlich von Egilsstaðir bildet der Gletscherfluss Lagarfljót einen 25 km langen, aber nur wenige Kilometer breiten See. In seinem trübgrauen Wasser soll – ähnlich wie im schottischen Loch Ness – ein Seeungeheuer leben. Stichhaltige Beweise gibt es allerdings auch hier nicht. Die rund 90 km lange Fahrt um den See lohnt aber nicht nur, um nach dem isländischen »Nessie« Ausschau zu halten. Am Ostufer erstreckt sich Islands größter und ältester Wald, der Hallormsstaðaskógur. Für Mitteleuropäer bietet sich nicht unbedingt ein beeindruckender Anblick, denn kaum ein Baum ist höher als 10 m. Am westlichen Seeufer liegt der **Hengifoss**, mit 118 m Höhe einer der höchsten Wasserfälle Islands. Spektakulärer als das dünne Rinnsal ist jedoch die Schlucht aus rotem Ton und dunklem Basalt. Am Südende des Sees kommt man zur Kirche von Valþjófsstaður mit einer rekonstruierten Tür aus dem 13. Jh., das Original befindet sich im Nationalmuseum in Reykjavík (▶ S. 60).

An Egilsstaðir anschließend

### ◎ SEYÐISFJÖRÐUR  H3
700 Einwohner

Seyðisfjörður am Ende des engen, gleichnamigen Fjordes und umgeben von beeindruckenden Bergen könnte kaum schöner liegen. Auch der Ort selbst mit seinen bunten Holzhäusern zählt zu den schönsten Islands. Die meisten ließen sich norwegische und dänische Kaufleute Anfang des 20. Jh. bauen, als die Heringsfischerei reiche Gewinne abwarf. Fast jedes Haus besitzt eine interessante Geschichte, wer sie erfahren möchte, erhält im Touristenbüro eine Broschüre. In der hellblauen Kirche finden im Sommer häufig Konzerte statt.

27 km östl. von Egilsstaðir

## MUSEEN UND GALERIEN

### Tækniminjasafn Austurlands (Technikmuseum Ostislands)

In zwei Gebäuden wird die Technik- und Kommunikationsgeschichte des Ortes zwischen 1880 und 1950 ausführlich beleuchtet.

Hafnargata 44 | Tel. 4 72 16 96 | www.tekmus.is | Juni–Mitte Sept. Mo–Fr 11–17, sonst Mo–Fr 13–16 Uhr | Eintritt 1000 ISK, bis 17 Jahre frei

### Skaftfell

In dem preisgekrönten Kulturzentrum für zeitgenössische Kunst präsentieren Künstler ihre Werke.

Austurvegur 42 | Tel. 4 72 16 32 | www.skaftfell.is | Mai–Mitte Sept. tgl. 12–23 Uhr | Eintritt frei

## ÜBERNACHTEN

Hotel Aldan ▶ S. 24

## SERVICE

ANKUNFT UND ABFAHRT

Die Fähre Norröna der Smyril Line (www.smyrilline.de) fährt von April bis Oktober wöchentlich vom dänischen Hirtshals nach Seyðisfjörður.

AUSKUNFT
### Tourist Information
Ferjuleiru 1 | Tel. 4 72 15 51 | www.visitseydisfjordur.com | Juni–Aug. Mo–Fr 8–16, sonst Di 8–12 und Mi 13–17 Uhr

## VOPNAFJÖRÐUR  G 2

600 Einwohner

Vopnafjörður am gleichnamigen Fjord liegt am Ostufer der Landzunge Kolbeinstangi und entzückt durch seine bunten Häuser. Drei recht grüne Täler – Selárdalur, Vesturárdalur und Hofsárdalur – führen vom Ort ins Landesinnere. Die Flüsse sind lachsreich, die Angellizenzen dementsprechend teuer. Literarisch verewigt hat der Schriftsteller Gunnar Gunnarsson die Gegend um Vopnafjörður in seinen Romanen. In der Nähe des Ortes laden schöne Sandstrände zu Spaziergängen ein.

## SEHENSWERTES

### Kaupvangur

Das Kulturzentrum wird für wechselnde Ausstellungen genutzt, die Dauerausstellung Múlastofa ist den einheimischen Musikern Jón Múli Árnason and Jónas Árnason gewidmet.

Hafnarbyggð 4a | Tel. 4 73 13 41 | Mo–Fr 10–18, Sa, So 12–16 Uhr | Eintritt 800 ISK, bis 14 Jahre frei

## SERVICE

AUSKUNFT
### Tourist Information
Tel. 4 73 13 31 | www.vopnafjordur.com | Mo–Fr 11–17 Uhr

## Ziele in der Umgebung

Noch bis 1966 wurde der Grassodenhof von einer wohlhabenden Familie bewohnt. Doch schon mehr als 20 Jahre zuvor hatte der Inhaber, Methúsalem Methúsalemsson, die Gebäude, von denen einige bis in das Jahr 1770 zurückgehen, dem Staat geschenkt – allerdings mit der Auflage, das sechsgieblige Gehöft mit 27 Räumen als Museum für die Nachwelt zu erhalten.

Tel. 4 71 22 11 | www.bustarfell.is | Mitte Juni–Mitte Sept. tgl. 12–17 Uhr | Eintritt 900 ISK, 9–13 Jahre 200 ISK

20 km südwestl. von Vopnafjörður

# Im Fokus
## Architektur: vom Wikingerhof zur Harpa

*Angepasst an die raue Natur wurde in Island jahrhundertelang gebaut. In jüngster Zeit setzen trotz Geldmangels öffentliche Gebäude insbesondere in der Hauptstadt spektakuläre architektonische Akzente.*

Ein Wikinger, der auf sich hielt, war durchaus in der Lage, für seine Familie und das Gesinde komfortable Wohnstätten zu errichten. Ausgrabungen in den Kernsiedlungsgebieten der Wikinger in Dänemark, Südschweden und Norwegen legen nahe, dass teils sehr aufwendig gebaut wurde. Ob das für Island auch gilt, lässt sich schwer sagen; die rekonstruierten Überreste von Wikingerhöfen sind nicht unbedingt repräsentativ. Aber dass sie sehr solide waren, daran besteht kein Zweifel. Das raue Klima ließ auch keine andere Wahl. Aber es gab ein Problem, das die schwedischen und norwegischen Erbauer in ihrer Heimat nicht kannten: Holz war immer schon Mangelware in Island und dementsprechend teuer. Zwar brachten manche Siedler Holz aus Skandinavien mit, aber es musste eine Alternative her. Und so wurde das Grassodenhaus erfunden: Die oft meterdicken Wände wurden aus ausgestochenen Grassoden errichtet, das Dach mit Steinplatten und darüber mit Grassoden gedeckt, nur das Stützgerüst und der Frontgiebel bestanden aus Holz. Teils wurden die

◀ Sehr gut erhaltener Grassodenhof im
Freilichtmuseum Glaumbær (▶ S. 95).

Häuser halb in die Erde gegraben, das sparte Material und schuf Isolierung. Weil die Konstruktionsweise so einfach war und das Material überall wuchs, verbreiteten sich Grassodenhäuser über die ganze Insel, selbst kleine Kirchen wurden so errichtet. Aber was so hübsch und naturverbunden aussieht und an die gemütlichen Behausungen der Hobbits in Tolkiens »Herr der Ringe« erinnert, ist nicht unproblematisch: Der Wohnkomfort hält sich in Grenzen, und die dauernde Feuchtigkeit geht an die Nieren. Und sonderlich haltbar sind sie auch nicht. Dennoch wohnten viele Isländer noch bis ins 20. Jh. in solchen Häusern. Heute sind einige Exemplare in Freilichtmuseen zu besichtigen, etwa in Skógar an der Südküste oder in Islands größtem Freilichtmuseum Árbærjarsafn in Reykjavík, in dem auch eine kleine Grassodenkirche aus der Mitte des 19. Jh. steht.

## AUSRUFEZEICHEN IN DER LANDSCHAFT

Fast wie ein einziges Freilichtmuseum wirkt der knapp 700 Einwohner zählende Ort Seyðisfjörður an der Ostküste, der für alle mit der Fähre Ankommenden den ersten, freundlichen Anblick Islands bietet. Die zahlreichen bunten Häuser, die das Stadtbild bestimmen, sind aus Holz errichtet, das aus Norwegen importiert wurde, oftmals aus dort vorproduzierten Fertigteilen. Die Konstruktion ist schlicht, den besonderen Reiz machen die farbenfrohen Anstriche aus. Besonders sticht die hellblaue Kirche hervor. Im ganzen Land sind solche bunten Holzhäuser zu finden – die allgemein mit nordischer Architektur assoziiert werden. Sie wirken einfach passend, wie für genau diese Landschaft erfunden.

## HOLZ BRENNT, WELLBLECH NICHT

Sie versuchen nicht zu dominieren, hätten gegen die wilde, großartige Natur, die eindeutig die Hauptrolle spielt, auch keine Chance. Aber sie erinnern daran, dass das Land von Menschen bewohnt wird, implantieren maßvolle, menschliche Dimensionen in die unmäßige Natur, manchmal mit einem selbstbewussten Ausrufezeichen wie etwa die Kirchtürme. Auch die Holzhäuser haben ein Problem: Sie brennen gut. Nur zu oft gingen die teuren Gebäude in Flammen auf. Doch weniger brandgefährdete Häuser aus Stein waren – ebenfalls überwiegend aus Kostengründen – lange unbekannt; die frühesten datieren aus der Mitte des 18. Jh.

106 | ISLAND ERKUNDEN

Eines der frühen Beispiele von Steinarchitektur ist das Regierungsgebäude in Reykjavík, das 1796 als Gefängnis errichtet wurde und heute als Sitz des Ministerpräsidenten dient. Dass die isländische Baukunst sich wegen Baumaterialmangels und aus Kostengründen immer strikten Notwendigkeiten unterordnen musste, resultiert in der meist sehr zweckmäßigen, schnörkellosen Architektur, die den nüchternen Charakter der Isländer spiegelt. Aber da Isländer auch sehr findig sind, insbesondere wenn es gilt, der Natur etwas abzutrotzen, wurde ab dem frühen 20. Jh. ein anderes nicht-einheimisches Material beim Bauen populär, das nicht nur preiswert und witterungsbeständig ist, sondern geradezu als Inbegriff der Nüchternheit gilt: Wellblech. Importiert meist aus England, deckte es jahrzehntelang zahlreiche Häuser oder verkleidete ihre Fassaden und bestimmte bzw. bestimmt das Ortsbild so mancher isländischen Siedlung, auch immer noch von Teilen Reykjavíks.

## UNVERWECHSELBAR: DIE HALLGRÍMSKIRKJA

Nun ist Wellblech nicht gleich Wellblech. Innovative Architekten können daraus Erstaunliches schaffen. Und erstaunlich ist auch die Vielzahl innovativer Architekten, die Island hervorgebracht hat. Wer durch die Straßen Reykjavíks spaziert, entdeckt ein Sammelsurium von Gebäuden, die von niedrigen, wellblechgedeckten Häusern über teils gesichtslose Zweckbauten, wie sie überall stehen könnten, bis zu einzigartigen Bauten reichen, die die Stadtsilhouette unverwechselbar machen. Eine Reihe moderner Bürotürme aus Beton und Glas setzt ästhetisch unterschiedliche Akzente. Sehr besonders ist das teilweise in den See Tjörnin hineingebaute Neue Rathaus. Herausragend aber ist die berühmte Hallgrímskirkja des Staatsarchitekten Guðjón Samuélsson, lange Zeit das einzige Wahrzeichen Reykjavíks. Bereits 1945 wurde mit dem Bau der 1200 Menschen fassenden Kirche begonnen, erst 1986 wurde er abgeschlossen. Mit ihrem 74 m hohen Turm ist sie eine Landmarke, die Besuchern auch von oben Orientierung bietet, denn von der Aussichtsplattform auf dem Turm der auf einem Hügel errichteten Kirche bietet sich ein großartiger Rundblick über die Stadt. Der Stil ist vor allem eines: unverwechselbar, und er bietet Raum für unterschiedlichste Assoziationen. Vom Architekten intendiert war die Erinnerung an die Gletscher Islands durch das strahlende Weiß; an Basaltsäulen, wie sie auf der Insel häufig vorkommen, erinnern die zu beiden Seiten des Turms auslaufenden Betonpfeiler. Neogotisch kommt die fünfschiffige, sehr helle Halle daher. Bemerkenswert ist die gewaltige viermanualige Orgel, die größte Islands. Dennoch ist die Hallgrímskirkja nicht die Hauptkirche Reykjavíks: Das ist die Dómkirkja, ein vergleichsweise bescheidener Bau. Sie ist der Sitz des Bischofs von Island, hier wird das Parlament eröffnet und die Abgeordneten gehen von hier aus zum Parlament. Die Kirche wurde 1796 erbaut und musste 1847–1848 schon restauriert werden.

Während die meisten Kirchen in Island nüchterne Zweckbauten mit Langschiff und Turm sind, zeigt sich an modernen Kirchenbauten oft, dass Architektur Gestaltungswillen bedeutet. Ein schönes Beispiel ist die Kirche von Stykkishólmur auf der Halbinsel Þorsnes, die 1990 eingeweiht wurde. Weithin sichtbar auf einem Felsen am Meer thronend, setzt der elegante Bau aus schneeweißem Beton ein Ausrufezeichen in die karge Landschaft.

## EINE HARFE AM HAFEN

Der Mangel an Baumaterialien ist heute nicht mehr relevant, der Mangel an Geld schon. Das setzte und setzt öffentlichen Bauvorhaben enge Grenzen; dennoch konnten etliche moderne Bauten vor allem in der Hauptstadt realisiert werden. Ein Meisterwerk ist das Konzert- und Konferenzgebäude Harpa am alten Hafen, das nach großen finanziellen Schwierigkeiten – die Finanzkrise von 2008 stoppte das Projekt vorübergehend – 2011 eingeweiht wurde. Die zwei versetzt angeordneten, bis zu 43 m hohen Baukörper mit ihren schrägen Kanten nehmen eine große Konzerthalle mit 1800 Plätzen, drei weitere Konzertsäle und ein Konferenzzentrum auf. Hightech ist die von Ólafur Elíasson gestaltete spektakuläre Hülle aus Spezialglas, die je nach Tageszeit unterschiedliche Licht- und Farbeffekte spiegelt. Die Harpa (Harfe; der Name ging aus einem Wettbewerb hervor) hat inzwischen auch die meisten Kritiker überzeugt; vielleicht spielte dabei auch die Auszeichnung mit dem renommierten Mies-van-der-Rohe-Preis 2013 eine Rolle.

## RAUMSCHIFF MIT RESTAURANT

Ebenso überzeugend wirkt ein weiteres Hightech-Highlight Reykjavíks, der auf einem Hügel am südlichen Stadtrand errichtete Zweckbau Perlan des Architekten Ingimundur Sveinsson. Was wie ein soeben gelandetes Raumschiff von Aliens wirkt, sind sechs glitzernde Aluminium-Heißwassertanks, die von einer gläsernen Kuppel überwölbt werden. Die Tanks versorgen die Stadt mit heißem Wasser. In der Kuppel, die nachts mit zahllosen Glühbirnen den Sternenhimmel zitiert, dreht sich ein Restaurant mit schönem Ausblick.

# SÜDISLAND

*Riesige Sanderflächen, steile Felsabbrüche, ausgedehnte Lavafelder, kilometerlange Gletscherzungen und Gletscherlagunen mit fotogenen Eisbergen sorgen an der Südküste für spektakuläre Anblicke.*

Eine Fahrt auf der Ringstraße entlang der Südküste von Höfn im Osten bis Hveragerði im Westen bietet viel Abwechslung und vor allem dramatische Landschaften. Außer in Höfn gibt es an der Küste keine sicheren Häfen, was Fischerei fast unmöglich macht. Ohne diesen Wirtschaftszweig konnten sich kaum größere Ansiedlungen entwickeln.

## UNZUGÄNGLICH UND MENSCHENFEINDLICH

Im östlichen Teil reichen die Gletscherzungen des Vatnajökull fast bis ans Meer. Zwischen Vatnajökull und Mýrdalsjökull gibt es dann zwar einen bis zu mehrere Dutzend Kilometer breiten, eisfreien Küstenstreifen, doch der ist durch riesige Sander und unzählige Gletscherflüsse, die ständig ihren Lauf ändern, sowie ausgedehnte Lavafelder ebenso menschenfeindlich wie faszinierend. Weiter im Westen schiebt sich das Eis von Mýrdals-

◄ Sonnenuntergang an der Gletscherlagune
Jökulsárlón (▶ MERIAN-TopTen, S. 110).

jökull und Eyjafjallajökull dann wieder bis fast an die Küste, bevor man zur größten zusammenhängenden Flachlandfläche Islands kommt, die zum Großteil landwirtschaftlich genutzt wird. Wer nur wenige Kilometer ins Hochland fährt, findet viele imposante Zeugen vulkanischer Aktivitäten wie die Laki-Krater und die ca. 8 km lange und bis 150 m tiefe Feuerschlucht Eldgja.

## JE RUHIGER, DESTO GEFÄHRLICHER

Doch die gefährlichsten Vulkane der Insel – Katla, Hekla, Grimsvötn oder Eyjafjallajökull – schlummern unter dem Eis der Gletscher. Der Eyjafjallajökull war zwar seit der Landnahme vor über 1000 Jahren nur fünf Mal aktiv, doch sein letzter Ausbruch 2010 hat nicht nur für den Süden Islands Folgen gehabt. Die Vulkanasche, die er in die Luft geschleudert hat, legte tagelang den Flugverkehr in weiten Teilen Nord- und Mitteleuropas lahm.

# HÖFN  ⚑ G 5

1700 Einwohner

Höfn, was Hafen bedeutet, breitet sich auf einer flachen Landzunge aus, bei guter Sicht glitzert am Horizont der Vatnajökull. Weit und breit gibt es hier den einzigen Hafen und so verwundert es nicht, dass Fischfang und -verarbeitung neben Dienstleistungen und Tourismus eine wichtige Rolle spielen. Landesweit begehrt sind die vor Höfn gefangenen Hummer.

## MUSEEN UND GALERIEN

### Hornafjörður Art Museum

Das Museum zeigt im Sommer die Werke von Svavar Guðnason (1909–1988), einem in Höfn geborenen Maler, der später nach Dänemark ging und sich der COBRA-Gruppe anschloss. Im Winter finden wechselnde Ausstellungen statt.

Hafnarbraut 27 | Tel. 4 70 80 00 | www.hornafjordur.is/menning | Juni–Aug. Mo–Fr 9–16, Sa, So 11–16, sonst Mo–Fr 9–16 Uhr | Eintritt frei

### Þórbergssetur

Das architektonisch interessante Gebäude beeindruckt mit seiner Außenwand aus roten Büchern im XXL-Format. Die Ausstellung ist dem in Island bekannten Schriftsteller Þórbergur Þórðarson (1888–1974) gewidmet. In Deutsch sind von ihm erschienen: »Islands Adel« und »Unterwegs zu meiner Geliebten«. Mit Informationscenter und Restaurant.

Hali í Suðursveit | Tel. 4 78 10 78 | www.thorbergur.is | tgl. 9–20 Uhr | Eintritt 1000 ISK, bis 14 Jahre frei
66 km westl. von Höfn

### ESSEN UND TRINKEN
**Humarhöfnin** ▶ S. 29

**Kaffi Nyhöfn**
**Wunderbar nostalgisch** – Im ältesten Haus von Höfn am Hafen gibt es Sandwiches, Kaffee und Kuchen.
Hafnarbraut 2 | Tel. 4 78 18 18 | €

### EINKAUFEN
**Millibör**
Elegante Damenmode von lokalen Designerinnen entworfen.
Hafnarbraut 30 | Tel. 8 68 36 19 | Juni–Aug. Mo–Fr 10–13 und 18–20, Sa 12–16 Uhr

### SERVICE
AKTIVITÄTEN
**Jöklajeppar – Glacier Jeeps**
Ganzjährig werden Fahrten mit Jeeps und Schneemobilen auf den Vatnajökull angeboten.
Tel. 4 78 10 00 | www.glacierjeeps.is

AUSKUNFT
**Höfn Visitor Centre**
In dem historischen Gebäude befindet sich neben der Touristeninformation auch eines der vier Besucherzentren des Vatnajökull-Nationalparks (außerdem in Ásbyrgi, Skriðuklaustur und Skaftafell). Eine Ausstellung informiert über den Gletscher sowie die Geologie der Region.
Gamlabúð | Heppuvegur 1 | Tel. 4 70 83 30 | www.visitvatnajokull.is | Juni–Aug. tgl. 8–20, Mai, Sept. 10–18, sonst 10–12 und 16–18 Uhr

## Ziele in der Umgebung
**JÖKULSÁRLÓN** 10  F 5
Eine der meistbesuchten Sehenswürdigkeiten Islands ist die Gletscherlagune Jökulsárlón, die vom Breiðamerkurjökull gespeist wird. Weiße, blaue, aber auch von Vulkanasche schwarz gefärbte Eisberge treiben auf dieser schönsten Gletscherlagune Islands. Inmitten einer unwirklichen Landschaft kann man die Lagune per Schlauchboot oder Amphibienfahrzeug befahren, am Ufer warten, bis wieder ein Stück Eis mit Getöse abbricht oder die Seehunde und Vögel an der Lagune beobachten.
Hornafjörður | Tel. 4 78 22 22 | www.jokulsarlon.is | Juni–Aug. 9–19, April, Mai, Sept., Okt. 10–17 Uhr | Amphibienfahrzeug 4000 ISK, 6–12 Jahre 1000 ISK, Schlauchboot 6500 ISK, 10–12 Jahre 3250 ISK
85 km südwestl. von Höfn

> **Magie des Eises**
> Die Farben der Eisberge und -brocken verändern sich im Laufe des Tages. Sie sind zu jeder Tageszeit sehenswert, abends leuchten sie fast goldgelb (▶ S. 15).

## HVERAGERÐI
2300 Einwohner
Als in den 1930er-Jahren die ersten Häuser in Hveragerði gebaut wurden, entstanden auch die ersten Gewächshäuser. Heute ist Hveragerði als »Stadt der Gewächshäuser« bekannt, in denen neben heimischem Obst, Gemüse und Blumen auch Exotisches wie Bananen oder Orangen gezüchtet werden. Eine Landwirtschaftsschule erforscht

die besten Wachstumsbedingungen in Gewächshäusern. Vom Parkplatz am Ende des Ortes lohnt eine Wanderung in das nördlich gelegene Geothermalgebiet. Auf breitem, ausgeschildertem Wanderweg geht es durch das an vielen Stellen dampfende Reykjadalur bergauf, nach rund 1,5 Std. kann man im warmen Fluss ein Bad nehmen.

### SEHENSWERTES
#### Hverasvæðið
Im Thermalpark mitten im Ort gibt es heiße Quellen und Schlammtümpel, wer möchte, kann mit geothermaler Wärme Eier kochen und Brot backen.
Hveramörk | Tel. 4 83 50 62 | Mai–Aug. tgl. 8–18 Uhr | Eintritt frei

### ÜBERNACHTEN
**Frost and Fire** ▶ S. 24

### ESSEN UND TRINKEN
#### Kjöt og Kunst
**Fleisch und Kunst** – Die Kunst beschränkt sich auf einige Bilder an den Wänden, aber neben Fleisch gibt es auch noch Fisch, Salate und leckere Desserts. Viele typisch isländische Gerichte, aber das Besondere ist das Brot, das mit heißem Dampf gebacken und auch außer Haus verkauft wird.
Breiðamörk 21 | Tel. 4 83 50 10 | www.kjotogkunst.is | Mo–Sa 12–21 Uhr | €–€€

### SERVICE
AUSKUNFT
#### Tourist Information
Sunnumörk 2, im Einkaufszentrum | Tel. 4 83 40 00 | www.hveragerdi.is | Juni–Aug. Mo–Fr 8.30–17, Sa 9–14, So 9–13, sonst Mo–Fr 8.30–16, Sa 9–13 Uhr

Hveragerði (▶ S. 110) am Fluss Varmá wird auch »Stadt der Gewächshäuser« genannt. Durch die Erdwärme gedeihen hier sogar exotische Obst- und Gemüsesorten.

## Ziele in der Umgebung

### FÁKASEL
C5

Im einzigen Pferdetheater Islands sind die Islandpferde die Stars. Während der rund 45-minütigen Vorstellung »Die Legenden des Sleipnir« wird eine Geschichte aus der nordischen Mythologie nachgespielt. Sleipnir war das achtbeinige Pferd des Gottes Odin. Eine gelungene Show mit guten Lichteffekten zur Musik von Barði Jóhannsson, einem der bekanntesten Musiker Islands. Die Vorführung ist für Islandpferdeliebhaber ein Muss.

Ölfus (bei Hveragerði) | Ingolfshvoll | Tel. 4 83 50 50 | www.icelandichorsepark.de | tgl. 19 Uhr | Eintritt 4800 ISK, bis 12 Jahre frei

6 km östl. von Hveragerði

### FLUÐIR
D5

**Gamla laugin**

Der kleine Ort Flúðir liegt zwar in der Nähe des Golden Circle und besitzt ein Icelandair-Hotel, wird aber trotzdem nicht gerade von Touristen überschwemmt. »Gamla laugin«, was so viel wie alte oder versteckte Lagune bedeutet, lohnt aber in jedem Fall einen Besuch. Das Naturbad mit 38–40 °C warmem Wasser gibt es seit 1891, damit ist es der älteste Pool Islands. Alle paar Minuten stößt der »litli geysir« eine kleine Wasserfontäne aus, was von der Lagune aus gut zu sehen ist. Das wird nur noch im Winter von den Polarlichtern getoppt! Anlage mit Duschen und Bar.

Flúðir | Hvammsvegur | Tel. 8 61 02 37 | www.secretlagoon.is | Mai–Sept. tgl. 10–22, sonst So–Do 14–18 Uhr | Eintritt 2500 ISK, bis 16 Jahre frei

60 km nordöstl. von Hveragerði

# KIRKJUBÆJARKLAUSTUR
E5

150 Einwohner

Zwischen dem 70 km westlich gelegenen Vík í Myrdal und dem 200 km östlich gelegenen Höfn ist Kirkjubæjarklaustur die einzige Siedlung. Der Ort dient deshalb als Verkehrsknotenpunkt und eignet sich gut für Ausflüge zu den Laki-Kratern, der Feuerspalte Eldgjá, zum Skaftafell und zur Gletscherlagune **Jökulsárlón** .

Ein längerer Spaziergang führt vom Ort zum Systrafoss, dem Wasserfall der Nonnen, dann auf die Hochebene mit schöner Aussicht und zum Systravatn, dem Badesee der Nonnen und schließlich zum Kirchenboden, einer Formation aus Säulenbasalt.

### ESSEN UND TRINKEN

**Systrakaffi**

**Gemütlich** – Nicht nur mangels Alternativen, sondern auch wegen des guten Essens (Burger, Pizza, Lamm, Fisch) immer gut besucht.

Klausturvegur 13 | Tel. 4 87 48 48 | www.systrakaffi.is | Juni–Aug. tgl. 12–22, sonst 18–21 Uhr | €

### SERVICE

AUSKUNFT

**Skaftárstofa**

Kirkjuhvoll | Tel. 4 87 46 20 | www.klaustur.is | Juni–Mitte Sept. Mo–Fr 10–16, Sa, So 13–16 Uhr

## Ziele in der Umgebung

### FJAÐRÁRGLJÚFUR-SCHLUCHT

E5

Am Beginn der Hochlandpiste zu den Laki-Kratern liegt die nur 2 km lange, aber bis zu 100 m tiefe Schlucht. Durch

sie schlängelt sich der kleine Fluss Fjaðrá. Bei einem kurzen Spaziergang entlang der Ostseite der Schlucht bieten sich schöne Blicke in die Tiefe. Die Schlucht steht unter Naturschutz.
10 km westl. von Kirkjubæjarklaustur

## SKAFTAFELL  F5

Am Südwestrand des Vatnajökull gelegen, wird Skaftafell von den drei Gletscherzungen Skaftafellsjökull, Skeiðarárjökull und Öræfajökull eingerahmt. Der im Jahr 1967 eingerichtete und im Laufe der Zeit drei Mal vergrößerte Skaftafell-Nationalpark bildet seit 2008 einen Teil des größeren Vatnajökull-Nationalparks.

Skaftafell wirkt wie eine vom Eis umgebene grüne Oase, denn seit der Gründung des Nationalparks dürfen hier keine Schafe mehr weiden, was mittlerweile ausgedehnte Birken- und Ebereschenwälder wachsen ließ. Das Visitor Centre beinhaltet auch Buch- und Souvenirladen sowie eine Ausstellung zum Gletscher. Zudem kann man hier diverse Aktivitäten wie Gletscherwanderungen buchen und auf einem Campingplatz übernachten.

Eine der beliebtesten Unternehmungen ist die 4-km-Wanderung zum Wasserfall Swartifoss. Der »schwarze Wasserfall« hat seinen Namen von den attraktiven schwarzen Basaltsäulen, über die er in ein Becken hinabstürzt.

### SERVICE
AUSKUNFT
**Skaftafell Visitor Centre**
Skaftafell | Tel. 4 70 83 00 | www.vatnajokulsthjodgardur.is | Juni–Aug. tgl. 8–21, Mai, Sept. 9–19, März, April, Okt. 10–17, sonst 11–16 Uhr

## VESTMANNAEYJAR (WESTMÄNNERINSELN)
 D6

4200 Einwohner

Die Inselgruppe liegt nur wenige Kilometer vor der Südküste und besteht aus einem guten Dutzend Inseln sowie mehreren Dutzend Felsen und Schären. Entstanden sind die Inseln vor rund 10 000 Jahren durch einen submarinen Vulkanausbruch. Dass es auch heute noch eine geologisch unruhige Region ist, zeigte sich 1963, als ebenfalls durch einen Vulkanausbruch die neue Insel Surtsey entstand. Doch es sollte noch schlimmer kommen, denn am 23. Januar 1973 öffnete sich auf der Hauptinsel Heimaey eine 2 km lange Vulkanspalte. Deshalb musste die Insel innerhalb weniger Stunden evakuiert werden. In den darauf folgenden Monaten wurde ein Drittel der Stadt unter Asche und Lava begraben. Viele Bewohner sind nach dem Ende der Ausbrüche zurückgekehrt.

### SEHENSWERTES

In der Nähe von Heimaeys Hafen liegen die Reste der ehemaligen dänischen Festung Skansinn, viele auffälliger ist jedoch die Stabkirche, ein Geschenk Norwegens zum 1000-jährigen Jahrestag der Einführung des Christentums in Island (im Sommer tgl. 11–17 Uhr).

Durch den Ausbruch von 1973 entstand der Lavafluss Eldfellshraun, der das Bild der Insel komplett veränderte. Eine Vielzahl von Spazierwegen führt durch die Lava, wobei sich immer wieder Ausblicke auf den Ort sowie den Hafen und die Küste bieten. Auch ein Aufstieg zum gut 200 m hohen Eldfell und zum Vulkan Helgafell lohnen.

## MUSEEN UND GALERIEN
### Eldheimar
Der Ausbruch des Eldfell auf den Westmännerinseln am 23. Januar 1973 war eine der größten Naturkatastrophen, die Island im 20. Jh. heimgesucht hat. 400 Häuser wurden unter Asche und Lava begraben. 2005 wurde beschlossen, zehn der damals verschütteten Häuser auszugraben und ein Besucherzentrum zu errichten. Das Projekt erhielt den Namen »Pompeji des Nordens«. Mittlerweile ist das Besucherzentrum geöffnet, obwohl die Ausgrabungen noch nicht beendet sind.
Heimaey | Suðurvegur/Gerðisbraut 10 | www.eldheimar.is | April–Mitte Okt. tgl. 11–18, sonst Mi–So 13–17 Uhr | Eintritt 1900 ISK, 10–18 Jahre 1000 ISK, bis 9 Jahre frei

### Sagnheimar (Heimatmuseum)
Das interaktive Museum im Rathaus informiert über die Geschichte der Insel bis zum Ausbruch von 1973.
Heimaey | Ráðhúströð | Tel. 4 88 20 45 | www.sagnheimar.is | Mitte Mai–Mitte Sept. tgl. 11–17, sonst Sa 13–16 Uhr | Eintritt 1000 ISK, bis 15 Jahre frei

## ESSEN UND TRINKEN
### Vinaminni Kaffihús
**Ideal zum Lunch** – Vor allem leichte Küche in modernem Ambiente.
Heimaey | Vesturvegi 5 | Tel. 4 81 24 24 | tgl. 11–18 Uhr | €

## SERVICE
AKTIVITÄTEN
### Viking Tours
Ausflüge mit Boot, Bus oder zu Fuß.
Heimaey | Tangagata 7 | Tel. 4 88 48 84 | www.vikingtours.is

ANKUNFT UND ABFAHRT
### Fähre
Die Fähre Herjólfur fährt mehrmals täglich zwischen Landeyahöfn und Heimaey, Fahrzeit ca. 30 Min.
Tel. 4 81 28 00 | www.eimskip.is

### Flug
Eagle Air fliegt vom Inlandsflughafen in Reykjavík nach Heimaey.
www.eagleair.is

AUSKUNFT
www.vestmannaeyjar.is und www.visitwestmanislands.com

# VÍK Í MYRDAL  D 6
300 Einwohner

Auch der südlichste Ort Islands besitzt keinen Hafen und fungiert deshalb als Dienstleistungszentrum für den Landkreis. Fotogen auf einem Hügel zeigt sich die Kirche, ebenso die Reynisdrangar, markante Felszinnen, die am Ortsrand aus dem Wasser ragen und bei denen es sich um zu Stein erstarrte Trolle handeln soll. Für einen Spaziergang bietet sich der schwarze Sandstrand mit starker Brandung an.

## MUSEEN UND GALERIEN
### Bryðebuð
Das in einem historischen Handelshaus untergebrachte Museum widmet sich der Regionalgeschichte sowie den vielen vor der Küste gestrandeten Schiffen. Im Haus befinden sich auch die Touristeninformation (Tel. 4 87 13 95, www.south.is) sowie ein gemütliches Café.
Víkurbraut 28 | Tel. 4 87 13 95 | Juni–Aug. tgl. 11–20, sonst Mo–Fr 9–16 Uhr | Eintritt 700 ISK, bis 18 Jahre frei

Vestmannaeyjar (Westmännerinseln) – Eyjafjallajökull | 115

## ÜBERNACHTEN
Þakgil ▶ S. 25

## EINKAUFEN
**Icewear**
An dem großen Factory-Shop für Wollwaren und Souvenirgeschäft an der Hauptstraße halten alle Busse.
Austurvegi 20 | tgl. 7.30–22 Uhr

## Ziele in der Umgebung

### ◎ DYRHÓLAEY  ◢ D 6
Das Ende der Halbinsel Dyrhólaey bildet eine mehr als 100 m hohe Klippe. Durch Erosion ist in der Lava ein Felsentor entstanden, groß genug, dass kleinere Boote hindurchfahren können. Am schönsten ist der Blick vom Leuchtturm, im Osten sind von dort die Reynisdrangar bei Vík í Myrdal, im Westen ein langer schwarzer Sandstrand zu sehen. Auf den Vorsprüngen brüten Papageitaucher.
20 km westl. von Vík í Myrdal

### ◎ EYJAFJALLAJÖKULL  ◢ D 6
Bekannt wurde der Vulkan durch den Ausbruch im Jahr 2010, als seine Asche den Flugverkehr in Europa tagelang lahmlegte. Die Farm Thorvaldseyri liegt direkt am Fuß des Eyjafjallajökull, beim Ausbruch wurde sie unter einer dicken, klebrigen Aschesschicht begraben. Die Familie hat die dramatischen Ereignisse dokumentiert und betreibt seitdem an der Ringstraße ein Informationszentrum.
Eyjafjallajökull Visitor Centre | Tel. 4 87 57 57 | www.thorvaldseyri.is | Juni–Aug. tgl. 9–18, Mai, Sept. 10–16, sonst 11–16 Uhr | Eintritt 750 ISK, bis 12 Jahre frei
41 km westl. von Vík í Myrdal

Die Halbinsel Dyrhólaey (▶ S. 115) mit ihren attraktiven Klippen und Papageitauchern ist der südlichste Punkt Islands. Dyrhólaey bedeutet auf Deutsch Türlochinsel.

# HOCHLAND

*Ob mit einem normalen PKW auf einer der einfachen Routen, mit einem der hochbeinigen Linienbusse oder am besten mit eigenem Allradfahrzeug: Ein Abstecher ins Hochland gehört zu jedem Islandaufenthalt.*

Drei Viertel der Insel zählen zum Hochland, definitionsgemäß sind dies alle Gebiete, die höher als 200 m liegen. Somit ist Island bis auf einen schmalen Küstenstreifen eine menschenleere Wildnis mit reißenden Flüssen, trostlosen Wüsten, schroffen Gipfeln, farbenprächtigen Rhyolithbergen, heißen Quellen, vielfältigen Spuren von aktivem und erloschenem Vulkanismus, aber auch mit kleinen, überraschend grünen Oasen. Große Teile des Inselinnern sind jedoch sehr trocken und leiden unter starker Winderosion. Selbst wenn Regen fällt, versickert er meist schnell im porösen Vulkangestein. Daraus resultiert eine oft trostlos wirkende Vegetationslosigkeit, nur in geschützten Lagen mit genügend Wasser können sich grüne Flecken ausbreiten, in denen sich neben Moosen auch robuste Pflanzen wie Arktische Weidenröschen oder Stängelloses Leimkraut ansiedeln. Diese schönen grünen Oasen wirken fast irreal.

◄ Allradler unterwegs auf der Hochlandpiste F35, der Kjölur-Route (▶ S. 118).

Seit jeher hat sich das Landesinnere einer dauerhaften Besiedlung widersetzt, selbst Besucher haben es heute noch schwer, in diese Einöde vorzudringen. Doch völlig unberührt ist auch das Hochland nicht mehr, denn um den Energiehunger zu stillen, wurden teils riesige Staumauern für Stauseen gebaut. Auch die Zufahrtsstraßen sind schwerwiegende Eingriffe in die empfindliche Natur. Eines der umstrittensten Projekte war der Bau des Kárahnjúkar-Kraftwerks nordöstlich des Vatnajökull, das zu den größten Wasserkraftwerken Europas zählt. Auch die Geothermalkraftwerke Bjarnaflag, Hellisheiarðvirkjun, Krafla und Nesjavellir liegen allesamt im Hochland.

## HOCHLANDROUTEN

Nur wenige Pisten führen durch Islands Mitte, alle sind im Winter, Frühjahr und Herbst geschlossen, im Sommer werden sie nach und nach geöffnet, je nachdem, wie Klima und unüberbrückte Flüsse es zulassen. Das isländische Straßenverkehrsamt gibt wöchentlich eine Übersichtskarte zum Zustand der Hochlandpisten heraus. Das größte Problem bilden unüberbrückte Flüsse, denn Furten ändern sich ständig. So müssen jedes Jahr Fahrzeuge aus Flüssen geborgen werden, was sehr teuer werden kann. Zudem kann man oft wegen fehlendem Handyempfang nicht unbedingt mit schneller Hilfe rechnen. Mit Proviant und Benzin muss man sich ebenfalls eindecken, denn Nachschub ist im Hochland nicht zu bekommen. Das Wetter ist auch im Sommer unberechenbar, auf starken Wind, Regen und sogar Schneeschauer sollte man vorbereitet sein. Wer mit einem kleinen Mietwagen unterwegs ist, darf in der Regel gar nicht ins Hochland, die bessere Wahl sind sehr robuste Allradfahrzeuge mit reichlich Bodenfreiheit. Eine bequeme Alternative bilden die hochbeinigen Linienbusse, die im Sommer fast täglich auf den schönsten Strecken unterwegs sind. SBA Norðurleið (www.sba.is) und Reykjavík Excursion (www.re.is) bedienen das größte Streckennetz.

### Kaldidalur

Die Kaldidalur-Route ist mit 50 km die kürzeste Verbindung zwischen Þingvellir ⭐ und dem Norden und Westen Islands. Deshalb haben schon die Goden sie genutzt, um zum Alþingi zu reiten. Heute ist die Piste bei gutem Wetter auch mit einem normalen PKW zu bewältigen, da alle Flüsse überbrückt sind. Von Süden kommend passiert man den markanten Schildvulkan Skjaldbreiður, das kalte Tal Kaldidalur zwischen den Gletschern Ok

und Þórisjökull, die Passhöhe Langih-
ryggur und das Tal der Hvítá, bis man
schließlich nach Húsafell kommt.

### Kjölur

Auch die Kjölur-Route wird schon seit
der Besiedlung genutzt. Heute sind alle
Flüsse überbrückt und die Piste bei
gutem Wetter mit einem normalen
PKW befahrbar. Allerdings sollte man,
besonders gegen Ende der Saison, mit
heftigen Schlaglöchern rechnen. Die
Route beginnt im Süden am Gullfoss
und führt zwischen den Gletschern
Langjökull und Hofsjökull nach Norden in die Gegend von Blönduós.
Höhepunkt dieser rund 190 km langen
Hochlanddurchquerung ist das Geothermalgebiet **Hveravellir** etwa auf der
Hälfte der Strecke. Neben einem Spaziergang zu den Thermalquellen kann
man hier in einer heißen Quelle baden.
Auch ein Abstecher zum Kerlingar-
fjöll ist äußerst empfehlenswert, denn
das atemberaubend farbige Rhyolithgebirge mit dampfenden Quellen liegt
in unmittelbarer Nähe eisiger Gletscherzungen.

### Sprengisandur

Je nach Start- und Zielpunkt ist
die Sprengisandur-Route zwischen
200 und 250 km lang und damit die
längste und anspruchsvollste isländische Hochlandpiste. Wegen der nicht
überbrückten Flüsse ist sie nur mit geländegängigen Fahrzeugen zu bewältigen. Alternativ bieten sich Hochland-
busse an, die mehrmals wöchentlich
die Sprengisandur befahren.
Das Kernstück der Sprengisandur ist
die durchschnittlich 750 m hoch gelegene und rund 70 km lange gleich-

namige Hochlandwüste zwischen
Hofsjökull und Vatnajökull. Die vege-
tationslose, graue und steinige Hoch-
landebene ist bei Sonnenschein trotz
ihrer Kargheit ein beeindruckendes
Erlebnis, bei schlechtem Wetter ist sie
hingegen trostlos.
Nýidalur, das in der Nähe der geogra-
fischen Mitte Islands liegt, markiert
auch etwa die Hälfte der Hochlanddurchquerung. Das Tal auf rund
800 m Höhe überrascht durch seine
erstaunlich vielfältige Vegetation. Hier
unterhält der isländische Wanderverein (Ferðafélags Íslands, www.fi.is)
zwei Hütten. Besonders lohnend ist
eine Wanderung zu den heißen Quellen und Gletscherzungen des 10 km
langen **Tungnafellsjökull**.

## Ziele im Hochland

### ELDGJÁ ◀▶ E 5

Die Feuerschlucht Eldgjá zwischen
Landmannalaugar und Kirkjubæjarklaustur ist vermutlich bei einer Aus-
bruchserie im Jahr 934 entstanden, bei
der gewaltige Lavamengen austraten.
Sie verläuft vom Gletscher Mýrdalsjökull über mehrere Dutzend Kilometer in nordöstlicher Richtung, ist bis zu
150 m tief und bis zu 600 m breit. Die
steilen, teils rot gefärbten Wände am
nordöstlichen Ende der Eldgjá wirken
besonders beeindruckend.

### HEKLA ◀▶ D 5

Rund 100 km östlich von Reykjavík
erhebt sich die schneebedeckte Hekla
fast 1500 m, neben dem Gimsvötn ist
sie Islands aktivster Vulkan. Von Süden
sieht der Berg kegelförmig, von Westen
dagegen eher wie ein umgedrehtes
Boot aus. Die Hekla ist Teil einer rund

Hochlandrouten – Laki-Krater | 119

40 km langen Vulkanspalte, in historischer Zeit ist sie mindestens 20 Mal ausgebrochen. Seismische Messungen deuten seit einiger Zeit darauf hin, dass die Hekla vor einer erneuten Eruption stehen könnte. Im Hekla-Informationszentrum im Hotel Leirubakki erfährt man alles über den Vulkan und seine Umgebung (www.leirubakki.is, Mai–Sept. tgl. 10–22 Uhr, Eintritt 800 ISK, 6–11 Jahre 400 ISK).

### HERÐUBREIÐ     F3

Herðubreið – die Breitschultrige – besitzt eine markante Silhouette, die an eine riesige Torte inmitten der Wüste Ódáðahrun erinnert. Nicht umsonst gilt Herðubreið deshalb als Königin aller isländischen Berge. Immerhin überragt das Gipfelplateau des Tafelvulkans die Lavafelder der Umgebung um 1000 m. Der höchste Gipfel (1682 m) liegt noch 200 m höher als die Tafelfläche. Die Besteigung des Berges sollten nur geübte Alpinisten in Angriff nehmen, doch auch Wanderungen am Fuße des Berges zur Oase Herðubreiðarlindir mit Quellen und dichter Vegetation sind lohnend.

### LAKI-KRATER     E5

Südlich von Kirkjubæjarklaustur führt eine Hochlandpiste zu den Laki-Kratern. Anfangs fährt man noch durch eine grüne, recht liebliche Landschaft, doch bald kommt man auf eine karge Hochebene und zum Schauplatz des größten Vulkanausbruchs, der Island je heimgesucht hat. 1783 öffnete sich hier eine 25 km lange Spalte und mehr als 100 Krater spien unablässig Feuer, Asche und Lava. Acht Monate dauerte

Ungefähr auf der Hälfte der staubigen Hochlanddurchquerung an der Kjölur-Route hat man sich im geothermischen Feld Hveravellir (▶ S. 118) ein warmes Bad verdient.

das Inferno, mehr als 300 qkm waren danach unter Lava begraben. Es war die größte Naturkatastrophe seit Besiedlung der Insel. Die Krater sind heute noch gut zu erkennen, doch mittlerweile sind sie fast komplett mit Moos bewachsen. Vom Gipfel des 818 m hohen Berges Laki bietet die Kraterreihe einen besonders imposanten Anblick.

## LANDMANNALAUGAR  D 5

Landmannalaugar liegt in einem farbigen Rhyolithgebirge. Die rote Färbung der Berge beruht auf einem hohen Eisengehalt, gelb auf Schwefel und türkis auf Kieselsäure. Direkt am Zeltplatz endet der 2,5 km lange Obsidianstrom Laugahraun, der wahrscheinlich am Anfang des 16. Jh. bei einem Ausbruch entstand. Und zu den warmen Quellen, in denen man herrlich entspannen kann, ist es auch nicht weit. So viel Schönheit hat sich herumgesprochen, deshalb ist Landmannalaugar im Sommer mittlerweile überlaufen.

Viele kommen auch hierher, um den Laugavegur, eine rund 50 km lange, spektakuläre Wanderung nach Þórsmörk in Angriff zu nehmen. Am Ende jeder Tagesetappe wartet eine einfache Hütte des Isländischen Wandervereins, die Schlafplätze sind allerdings heiß begehrt, deshalb ist eine sehr rechtzeitige Reservierung unbedingt erforderlich (www.fi.is).

## LANGJÖKULL  D 4

Mit rund 900 qkm ist der Langjökull der zweitgrößte Gletscher Islands. Unter seiner Eiskappe liegen mindestens zwei aktive Vulkansysteme, die zumindest zwei Calderen und einen Tafelberg besitzen. Zwei Hochlandrouten, im Westen die Kaldidalur und im Osten die Kjölur, führen in der Nähe des Langjökull vorbei, wobei sich schöne Blicke auf den Gletscher bieten.

## ICE CAVE  D 4

Auf dem Plateau des Langjökull (1250 m ü. d. M.) befindet sich der Eingang zu einer künstlichen Eishöhle. Besucher gehen durch Tunnel und können sehen, wie sich die Farbe des Eises von Weiß zu Tiefblau verändert, je tiefer sie kommen. An der Eisbar gibt es schließlich Drinks und Snacks. Es gibt zwei Möglichkeiten, die Höhle zu besuchen: als rund neunstündige Tagestour von Reykjavík und als Tour vom Gletscherrand aus.
Langjökull | www.icecave.is | 1. Juni– 31. Aug. tgl., 1. Sept.–31. Okt. Fr, Sa, So | ab Reykjavík 29 900, Kinder 12–15 Jahre 14 950 ISK, ab Gletscher 17 900/8950 ISK

## VATNAJÖKULL  F 4

Mit rund 8100 qkm ist der Vatnajökull (Wassergletscher) der größte Gletscher Islands. Unter seinem bis zu 900 m dicken Eispanzer liegen mehrere aktive Vulkane (Grímsvötn, Bárðabunga, Kverkfjöll) sowie der höchste Berg Islands, der Hvannadalshnúkur (2110 m). In dem aktivsten Vulkangebiet Islands kommt es immer wieder zu subglazialen Ausbrüchen, die zwar kaum Lava fördern, aber große Mengen Eis zum Schmelzen bringen und dann teils verheerende Gletscherläufe verursachen. Der Vatnajökull-Nationalpark ist einer der drei isländischen Nationalparks. Nach der letzten Erweiterung auf 14 200 qkm umfasst er den ganzen Gletscher, die ehemals eigenständigen

Nationalparks Skaftafell und Jökulsárgljúfur und die Vulkanmassive von Askja und Herðubreið.

Von der Ringstraße sind die südlichen Ausläufer des Vatnajökull zu sehen, einige Gletscherzungen reichen fast bis an die Küste. Mindestens genauso beeindruckend sind die weitläufigen Sanderflächen, die sich zwischen Eiskante und Küste erstrecken. Diese Sanderflächen, die von unzähligen kurzen Flussläufen, die ständig ihr Bett verändern, durchzogen sind, waren das größte Hindernis beim Bau der Ringstraße. Erst 1974 konnte mit einer 1 km langen Brücke über die Skeiðará die letzte Lücke geschlossen werden.

### ÞÓRSMÖRK  D 5

Das Þórsmörk-Tal wird als »Grüne Oase« oder »Paradies zwischen den Gletschern« gelobt. Durchaus zu Recht, denn der »Wald des Donnergottes Thor« ist – vor allem für Wanderer – eines der lohnendsten Ziele Islands. Das Tal wird auf drei Seiten von Gletschern umschlossen, am oberen Talabschluss ragt der mächtige Mýrdalskökull besonders imposant auf. Begünstigt durch die geschützte Lage konnte sich im Talgrund, der von dem naturbelassenen Fluss Krossá durchflossen wird, eine dichte Vegetation aus Moosen, Farnen und Birkenwald entwickeln. Kurze Ausflüge führen zum Aussichtsberg Valahnúkur oder in die Schlucht Stakkholtsgjá.

Die Piste nach Þórsmörk ist nur mit geländegängigen Fahrzeugen zu bewältigen, alternativ gibt es während der Hochsaison bis zu zwei Mal täglich eine Busverbindung mit Reykjavík.

Landmannalaugar (▶ S. 120) ist – zumindest in den Sommermonaten – ein touristischer Treffpunkt. Die schöne Gegend mit den bunten Bergen steht unter Naturschutz.

# TOUREN
## DURCH ISLAND

Der Geysir Strokkur (▶ MERIAN-TopTen,
S. 66) spuckt hoch und regelmäßig.

# AUF DEM GOLDEN CIRCLE – ZU GEYSIR, GULLFOSS, ÞINGVELLIR

**CHARAKTERISTIK:** Autofahrt zu den meistbesuchten Sehenswürdigkeiten Islands, alternativ auch als Bustour möglich **DAUER:** Tagesausflug **LÄNGE:** 245 km
**EINKEHRTIPP:** Restaurant-Café Lindin, Laugarvatn, Tel. 8 98 95 99, tgl. 12–22 Uhr,

€€–€€€ **AUSKUNFT:** Tourist Information Centre Reykjavík, Aðalstræti 2, Tel. 5 90 15 50, www.visitreykjavik.is
 C 5

Ausgangspunkt dieser Tour ist Reykjavík. Nehmen Sie vom Zentrum die Straße 49 (erst Hringbraut, dann Miklabraut und Vesturlandsvegur) in östlicher Richtung, weiter geht es auf der Straße 1 bis Mosfellsbær. Ein kurzer Abstecher nach rechts führt ausgeschildert nach **Álafoss**. Wer noch ein Souvenir wie Kissenbezüge, Kerzen und Servietten, Süßigkeiten und isländische Seife oder einen echten Islandpullover sucht, ist hier richtig, auch Kaffee und Kuchen locken.

### Mosfellsbær ▶ Þingvellir

Wieder auf der Hauptstraße am nächsten Kreisverkehr rechts nach Þingvellir abbiegen (Straße 36, Þingvallavegur). Nur wenig außerhalb von Mosfellsbær haben Sie die Möglichkeit, Gljúfrasteinn, das ehemalige Wohnhaus von **Halldór Laxness**, zu besichtigen, das noch wie zu seinen Lebzeiten eingerichtet ist. Das Haus wirkt, als ob Laxness gleich um die Ecke käme, vor der Tür steht noch sein alter, silberfarbener Jaguar. Ein Audioguide in Englisch leitet die Besucher durch das Haus.

Die Straße führt Sie nun zum Ufer des Þingvallavatn und bald darauf in den **Þingvellir-Nationalpark** ⭐ am Nordende des Sees. Vom Visitor Centre Hakið genießen Sie einen fantastischen Ausblick auf den See und seine Umgebung, die Þingvalla-Kirche und bei guter Sicht sogar auf die umliegenden Berge. Machen Sie auf alle Fälle den kurzen Spaziergang in die zerklüftete Almannagjá-Schlucht und genießen Sie das Gefühl, mal auf der eurasischen und dann wieder auf der amerikanischen Kontinentalplatte zu stehen.

### Þingvellir ▶ Geysir

Folgen Sie nun weiter der Straße 36, die in einigem Abstand weiter um den See herumführt, bis zum Abzweig der Straße 365 nach **Laugarvatn**. Hier sollten Sie sich die Zeit für ein Bad im modernen Thermalbad Laugarvatn Fontana nehmen, das zwar nicht so glamourös wie die Blaue Lagune daherkommt, dafür aber auch nicht so voll ist. Danach bietet sich eine Pause im Restaurant Lindin an, das weit und breit die besten isländischen Gerichte zubereitet. Auf der Straße 37 (Laugarvatnsvegur) fahren Sie noch ein kleines Stück am Laugarvatn entlang, dann einige Kilometer durch eine relativ liebliche Landschaft, bis Sie auf die Straße 35 treffen, die Sie ins Haukadalur und zum **Geysir** bringt. Der Große Geysir bricht kaum noch aus,

Auf dem Golden Circle | 125

aber auf den Strokkur ⭐ ist Verlass: Alle 10 bis 15 Minuten erfreut er die Zuschauer mit einer imposanten Wassersäule. Es lohnt sich, mit Muße auf Entdeckungstour durch das Hochtemperaturgebiet zu gehen und so etwas vom Trubel wegzukommen. Es gibt im ganzen Gebiet viel zu entdecken!

Geysir ▶ Gullfoss

Vom Geysir fahren Sie nur noch wenige Kilometer bis zur nächsten Sehenswürdigkeit auf dem Golden Circle, dem **Gullfoss**. Vom Parkplatz erreichen Sie nach wenigen Minuten Fußweg – meist durch einen feinen Gischtschleier – den Wasserfall. Mit ein wenig Glück sehen Sie über den in die Tiefe stürzenden, weiß schäumenden Wassermassen einen Regenbogen, der den Namen »Goldener Wasserfall« rechtfertigt.

Gullfoss ▶ Skálholt

Für den Rückweg nach Reykjavík nehmen Sie die Straße 35, die durch Skálholt führt. Früher war der Ort ein wichtiges religiöses Zentrum mit Bischofssitz und Kathedrale. Daran erinnern heute das Besucherzentrum und ein kleines Museum.

Skálholt ▶ Reykjavík

Wenn Sie es eilig haben, fahren Sie über Hveragerdi und die Ringstraße zurück nach Reykjavík, interessanter ist jedoch die Variante über kleinere Straßen und Nesjavellir. Denn auf dieser Route kommen Sie noch einmal zum Þingvallavatn und können eine Pause im Hotel ION einlegen, das nicht nur architektonisch äußerst interessant ist, sondern auch ein hoch gelobtes Restaurant besitzt, wo mit frischen regionalen Zutaten gekocht wird.

Das Hotel ION liegt nahe bei den gebirgigen Lavafeldern und unweit des Þingvellir-Nationalparks (▶ MERIAN-TopTen, S. 71). Viel Glas erlaubt tolle Blicke auf das Nordlicht.

# ZUM MAGISCHEN BERG
# AUF DER HALBINSEL SNÆFELLSNES

**CHARAKTERISTIK:** Autofahrt über geteerte und geschotterte Straßen sowie kurze Abstecher zu Fuß oder mit dem Auto **DAUER:** Tagesausflug **LÄNGE:** 200 km **EINKEHRTIPP:** Kaffíhus Gamla Rif, Hellissandur-Rif, Háarif 3, Tel. 4 36 10 01, € **AUSKUNFT:** Tourist Information Centre Stykkishólmur, Borgarbraut 4, Tel. 4 33 81 20, www.stykkisholmur.is

⚓ B 3

Diese Tour startet in Stykkishólmur auf der Halbinsel Snæfellsnes. Verlassen Sie das Zentrum in südlicher Richtung, dann fahren Sie bis zur Straße 54 und biegen hier rechts ab. Nachdem Sie die Abzweigung der Straße 56 passiert haben, fahren Sie durch das Lavafeld Berserkjahraun, das in der Eyrbyggja Saga eine wichtige Rolle spielt. Ein kurzer, ausgeschilderter Abstecher führt zum Haimuseum Bjarnarhöfn, wo Sie die isländische Spezialität »hákarl« probieren können sowie Informationen über Haie, den Haifang und die Verarbeitung des Fleischs erhalten.

Grundarfjörður ▶ Snæfellnes-Nationalpark

Als Nächstes kommen Sie nach Grundarfjörður, einen netten Ort mit Heimatmuseum und einem bemerkenswerten Hausberg, dem Kirkjufell, der mit ein wenig Fantasie an eine Kirche erinnert. Auch der nächste Ort, Ólafsvík, den Sie kurz nach dem Abbiegen auf die Straße 574 erreichen, besitzt ein kleines Museum zur Lokalgeschichte und einen markanten Hausberg sowie einen schönen Sandstrand. Die abwechslungsreiche Küstenstraße passiert den Doppelort Hellissandur-Rif mit dem sehr gemütlichen Kaffíhus im

ältesten Haus des Ortes. Bald darauf überquert man die Grenze des Snæfellsnes-Nationalparks. Versäumen Sie nicht, den Blick nach links zu wenden, denn bei gutem Wetter präsentiert sich der Gletscher aus dieser Perspektive in seiner ganzen Schönheit.

Öndverðarnes ▶ Djúpalónssandur

Von nun an führt die Straße durch mehrere Lavafelder und erinnert daran, dass der **Snæfellsjökull** nicht immer so friedlich wie heute war. Wenn Sie Lust auf Abstecher haben, biegen Sie auf die Straße 579 ab und fahren nach Öndverðarnes, dem äußersten Ende von Snæfellsnes. Oder Sie machen eine kleine Wanderung zur Bucht Skarsvík mit ihrem hellen Muschelstrand. Eine andere Möglichkeit ist der Abstecher zum Strand Djúpalónssandur. Das erste Stück können Sie noch fahren, dann geht es weiter zu Fuß. Die Bucht ist gesäumt von bizarren Lavagebilden, auf dem Sand liegen noch die rostigen Reste eines englischen Trawlers, der 1948 hier auf Grund lief. In hinteren Teil des Strandes finden Sie vier unterschiedlich große Steine. Nur wer wenigstens den drittschwersten (54 kg) bis Hüfthöhe heben konnte, durfte als Fischer anheuern.

# Zum magischen Berg auf der Halbinsel Snæfellsnes | 127

Die rostigen Überreste eines britischen Trawlers, der 1948 strandete, liegen an der rauen Lava-Küste von Djúpalónssandur (▶ S. 126) auf der Snæfellsnes-Halbinsel.

## Djúpalónssandur ▶ Búðir

Auch auf der Weiterfahrt bieten sich vielfältige Möglichkeiten für Abstecher – zu Fuß oder mit dem Wagen. Zum Leuchtturm Malarrif, der den südlichsten Punkt von Snæfellsnes markiert, zu den Felszinnen Lóndrangar oder zum Vogelfelsen Þúfubjarg. Bald nach dem Verlassen des Nationalparks liegen rechts des Weges direkt an der Küste die winzigen Orte Hellnar und Arnarstapi. In Hellnar lädt das Café Fjöruhúsið zu einer Pause ein. Einige Kilometer nach Arnarstapi zweigt ein Weg nach **Búðir** ab. Einsam in der Landschaft steht eine kleine schwarze Kirche, nicht weit davon ein Luxushotel fernab jeden Trubels, nur die Seevögel und die Brandung sorgen für eine Geräuschkulisse. Versäumen Sie es nicht, an dem wunderschönen Muschelsandstrand einen Spaziergang zu machen, er zählt zu den schönsten Islands. Wenn Sie nicht spontan beschlossen haben, in Búðir zu übernachten, fahren Sie weiter auf der Straße 54, bis Sie zur Kreuzung mit der Straße 56 kommen, die Sie über einen Pass zurück nach Stykkishólmur bringt.

# VULKANISCHE PHÄNOMENE AUF DER HALBINSEL REYKJANES

**CHARAKTERISTIK:** Autofahrt über die Halbinsel Reykjanes zu unterschiedlichen vulkanischen Phänomenen **DAUER:** Tagesausflug **LÄNGE:** 240 km **EINKEHR-TIPP:** Lava-Restaurant, Blaue Lagune, Grindavík, Tel. 4 20 88 00, www.bluelagoon. com, €€€–€€€€ **AUSKUNFT:** Tourist Information Centre Reykjavík, Aðalstræti 2, Tel. 5 90 15 50, www.visitreykjavik.is
C 5

Die Tour beginnt im Zentrum von Reykjavík. Fahren Sie auf der Straße 49 in östlicher Richtung (Hringbraut), dann biegen Sie nach dem Inlandsflughafen rechts ab und fahren auf den Hügel Öskjuhlíð bis zum Parkplatz an der Perlan. In fünf der sechs riesigen Wassertanks lagern jeweils 4 Mio. Liter heißes Wasser. Mit diesem Wasser heizen die Hauptstädter nicht nur ihre Häuser, sondern im Winter auch Straßen und Bürgersteige. Das Wasser stammt aus rund 70 Bohrlöchern unter der Stadt. Damit ist Reykjavík in der Lage, einen Großteil seiner Energie aus geothermalen Quellen zu decken.

Reykjavík ▶ Reykjanesviti

Biegen Sie am Fuß des Hügels nach rechts in die Straße 40 ein und folgen den Schildern nach Kópavogur, Hafnarfjörður und Keflavík. Hafnarfjörður, die »Stadt in der Lava«, wurde auf einem rund 8000 Jahre alten Lavafeld errichtet, aber auch danach fahren Sie bis **Keflavík** durch ziemlich trostlos wirkende Lavafelder. Kurz vor dem Flughafen Keflavík biegen Sie links ab und folgen der Straße entlang der Küste (erst Nr. 44, dann Nr. 425). Nach Hafnarberg kommen Sie zur »Brücke zwischen den Kontinenten«, die die

nordamerikanische mit der eurasischen Kontinentalplatte verbindet.

Je weiter Sie nach Süden fahren, desto stärker ist die Landschaft vom Vulkanismus geprägt: So weit das Auge reicht, nur dunkle, erodierte vulkanische Klippen und Krater. Malerisch thront Islands ältester Leuchtturm Reykjanesviti auf einem kleinen Hügel, in den Klippen und zwischen den Kratern laden kleine Wege zu Spaziergängen ein. Im nahen Geothermalkraftwerk Reykjanesvirkjun können Sie einen Blick auf die Turbine werfen und in der Power-Plant-Earth-Ausstellung erfahren, welche Energiequellen die Menschheit nutzt. Unweit des Kraftwerks liegt das **Hochtemperaturgebiet Gunnuhver**, hier können Sie auf markierten Wegen einen Blick in Schlammquellen und Fumarolen werfen. Aber Vorsicht! Die Temperaturen unter den Quellen betragen bis zu 300 Grad!

Reykjanesviti ▶ Séltun

Nun fahren Sie weiter auf der Straße 425 nach Grindavík und machen von hier einen Abstecher zur **Blauen Lagune** ⭐. Nach dem entspannenden Bad können Sie dort im Lava-Restaurant mit Blick auf die Lagune isländische Spezialitäten essen oder den Res-

# Vulkanische Phänomene auf der Halbinsel Reykjanes | 129

Wege führen durch das Hochtemperaturgebiet von Gunnuhver (▶ S. 128), sodass man sich den bis zu 300 °C heißen Schlammquellen und Fumarolen gefahrlos nähern kann.

taurantbesuch in Grindavík nachholen. Hier bietet sich ein Stopp im Restaurant Salthúsið an, das für seinen auf verschiedene Arten zubereiteten Salzfisch (»bacalao«) bekannt ist (Stamphólsvegi 2, Tel. 4 26 97 00, €€) oder Sie folgen der Küstenstraße (Nr. 427) bis zum Abzweig nach Krýsuvik. In der Nähe des Kleifarvatn liegt das **Hochtemperaturgebiet Séltun**, hier riecht die Luft nach faulen Eiern, der Berghang leuchtet in allen Regenbogenfarben, auf Holzstegen können Sie dampfende Erdlöcher, Schlammtöpfe und heiße Quellen hautnah erleben.

### Séltun ▶ Reykjavík
Nächstes Ziel ist Hveragerdi, die Stadt der Gewächshäuser, die Sie über die Straße 427, Þorlákshöfn und die Straße 38 erreichen. Wenn Sie möchten, können Sie eine Wanderung durch das Reykjadalur unternehmen und zur Belohnung ein Bad in einem warmen Fluss nehmen. Auf dem Weg zurück nach Reykjavík lohnt schließlich noch ein kurzer Abstecher zum Hellisheiðarvirkjun. Die interaktive Ausstellung zeigt sehr anschaulich, wie Geothermalkraftwerke die Energie aus der Tiefe nutzen (Tel. 5 16 60 00, tgl. 9–18 Uhr).

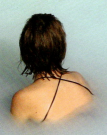

# ISLAND
# ERFASSEN

In der Blauen Lagune (▶ MERIAN-TopTen, S. 65) badet man selten alleine.

# AUF EINEN BLICK

*Hier erfahren Sie alles, was Sie über Island wissen müssen – kompakte Informationen über Land und Leute, von Bevölkerung und Geografie über Politik und Verwaltung bis Sprache und Wirtschaft.*

### BEVÖLKERUNG

Im September 2014 lebten 328 170 Menschen in Island, davon rund 211 000, also knapp zwei Drittel, in Reykjavík und Umgebung. Circa 24 000 Menschen sind ausländische Staatsbürger. Island ist mit etwa 3 Einwohnern/qkm das am dünnsten besiedelte Land Europas. Das Inland ist praktisch unbewohnt, die Bevölkerung lebt auf den schmalen Küstenstreifen und in den Ebenen im Südwesten der Insel. Besiedelt wurde Island im 9. Jh. von Norwegen, Britannien und Irland aus.

### LAGE UND GEOGRAFIE

Der zweitgrößte Inselstaat Europas liegt im Nordatlantik, knapp unterhalb des nördlichen Polarkreises, mit rund 300 km Entfernung näher an Grönland als an Norwegen (circa 1000 km). Elf Prozent des Landes sind von **Gletschern** bedeckt, der größte Gletscher Europas ist mit 8300 qkm der Vatnajökull. Das gewaltige Gebirge im Atlantik ist großteils vegetationslos, nur die schmalen Küstenstreifen und die Ebenen im Süden und Südwesten sind grün. Island liegt auf einer sehr aktiven

◄ Mehr Schafe als Menschen hat Island – hier werden sie zusammengetrieben.

tektonischen Spalte, ein Vulkanausbruch führte beispielsweise dazu, dass 1963 vor der Südküste die Insel Surtsey entstand und das Staatsgebiet um 1,41 qkm vergrößerte.

## POLITIK UND VERWALTUNG

Seit 1918 ist Island, nach jahrhundertelanger Dominanz zunächst der Norweger, dann der Dänen, ein souveräner Staat und seit 1944 eine parlamentarisch-demokratische Republik. Das **Althing**, das seit bald 1100 Jahren bestehende und damit älteste Parlament der Welt, hat 63 Mitglieder. Gegliedert ist Island in acht Regionen, diese wiederum in 22 Sýslur (Landkreise) und 20 kreisfreie Gemeinden. Die Parteienlandschaft ist bunt gemischt, das Spektrum reicht von der konservativen Unabhängigkeitspartei über Liberale, Sozialdemokraten und Sozialisten bis zur Links-Grünen Bewegung.

## SPRACHE

Vor allem durch die isolierte Insellage hat sich die isländische Sprache, die zur altnordischen Sprachfamilie gehört, jahrhundertelang kaum verändert. Auch heute noch werden viele Fremdwörter durch isländische Wortschöpfungen ersetzt; selbst Begriffe der globalisierten Welt wie »Computer« werden ins Isländische übertragen. Die meisten Familiennamen enden auf -son (Sohn) oder -dóttir (Tochter), zur besseren Unterscheidung erhalten die meisten Jungen und Mädchen mehrere Vornamen. Im isländischen Alphabet gibt es zu den lateinischen Buchstaben noch Ð/ð (stimmhaftes englisches »th«), Þ/þ (stimmloses »th«), Æ/æ (wie deutsches ei) und Ö/ö (wie deutsches ö).

## WIRTSCHAFT

Die **Fischerei** bildet nach wie vor das Rückgrat der isländischen Wirtschaft; Fischereiprodukte machen etwa 41 Prozent der Exporte aus. Dank des Wasserreichtums und der billigen Energie wird inzwischen viel Aluminium in Island produziert – das Leichtmetall gehört ebenfalls zu den Hauptexportgütern. Allerdings ist die Aluminiumproduktion wegen der Umweltbelastung politisch umstritten. Ein weiterer wichtiger Industriezweig ist der **Tourismus**. Wurden im Jahr 1950 noch rund 4000 Besucher gezählt, waren es zur Jahrtausendwende bereits mehr Touristen, als Island Einwohner hat. 2012 ist die Zahl der Island-Touristen im Vergleich zum Vorjahr um 19 Prozent gestiegen, für den Winter gibt es sogar Steigerungsraten von 30 bis 40 Prozent.

**AMTSSPRACHE:** Isländisch
**EINWOHNER:** 328 000
**FLÄCHE:** 103 125 qkm
**HAUPTSTADT:** Reykjavík, 121 000 Einwohner
**HÖCHSTER BERG:** Hvannadalshnúkúr, 2119 m
**LÄNGSTER FLUSS:** Þórsár, 230 km
**RELIGION:** 79 % Lutheraner
**STAATSFORM:** Parlamentarische Republik
**STAATSOBERHAUPT:** Ólafur Ragnar Grímsson
**WÄHRUNG:** Isländische Krone (ISK)

# Im Fokus
## Vom Kabeljaukrieg zum Walfangverbot

*Kaum ein anderes Thema ist so emotional belastet und ideologisch beladen wie der Walfang. Tierschützer gegen Industrie, Island gegen den Rest der Welt: Doch das muss nicht das letzte Wort sein.*

Ein Wal ist ein Säugetier, kein Fisch. Das ist die Kernaussage, die das Thema Walfang und Fischerei emotional auflädt wie kaum ein anderes. Würde es sich ausschließlich um Kabeljau oder Makrelen handeln, gäbe es wohl weniger Aufregung. Zumindest nicht mehr, seit die »Kabeljaukriege«, die die Beziehungen zwischen Island und dem Rest Europas, vor allem Großbritannien, seit den späten 1950er-Jahren gut zwanzig Jahre lang belasteten, endgültig ad acta gelegt sind. Aber es ist noch ein bisschen mehr, was das Thema so hoch emotional macht, dass die meisten Beteiligten – die Walfangindustrie auf der einen, Umwelt- und Tierschützer auf der anderen Seite – nur noch mit Totschlagargumenten aufeinander losgehen. Die oft grausamen und blutigen Begleitumstände des Walfangs, die Rechtfertigung mit angeblich wissenschaftlichen Zwecken und die Hartleibigkeit der Industrie erbittern die Walfanggegner; die ideologische Auflading des an sich nüchternen wirtschaftlichen Themas und die Unerbittlichkeit der Walfanggegner erbosen die Industrie.

◄ Vor der technischen Hochrüstung war
der Walfang ein großes Wagnis.

Legt man die statistischen Daten zugrunde, spielt der Walfang in Island
keine Rolle, insbesondere wenn man ihn mit der Bedeutung der Fischerei insgesamt vergleicht. Vom Fisch war der Inselstaat im Nordatlantik
immer schon abhängig, die Fischereiindustrie ist nach wie vor der wichtigste Industriezweig. Obwohl die Quote der Beschäftigten bei wenig
mehr als fünf Prozent liegt, erwirtschaftet die Fischerei zwischen 11
und 25 Prozent des Bruttoinlandsprodukts – je nachdem, ob man nur
die direkten Erlöse oder auch die indirekten in die Statistik einbezieht.
Am weltweiten Fischfang hat Island einen Anteil von etwas mehr als
einem Prozent.

## FISCHSTÄBCHEN UND STOCKFISCH

Der Begriff »Kabeljaukrieg« für die beinahe kriegerischen Auseinandersetzungen um den Fischfang kommt nicht von ungefähr: Kabeljau macht
fast ein Drittel des isländischen Fangs aus. Der weitaus größte Teil des
Exports geht mit etwa drei Vierteln in europäische Länder, an erster Stelle
nach Großbritannien, gefolgt von Norwegen. Isländischem Kabeljau be-
gegnen Fischesser in Form von Fischstäbchen oder bei Fish and Chips,
als Stockfisch oder »bacalhau« in Ländern wie Portugal und Brasilien, im
Baskenland und in Norwegen. Der Bestand gilt als gefährdet.

## SCHIFFE VERSENKEN

Gegnerische Netze kappen und Schiffe rammen waren Kampfmittel in
den Kabeljaukriegen, die nur vor der übergroßen Bedeutung der Fischerei für Island zu verstehen sind. Es waren die einseitige Ausweitung der
nationalen Fischereizone Islands von drei auf zuletzt 200 Seemeilen als
Maßnahme gegen die Überfischung durch andere Nationen, die Nicke-
ligkeiten im Umgang der Fischereiflotten miteinander und die Auseinandersetzungen vor internationalen Gerichten um eben diese Zone. Friede
kehrte ein, als die anderen europäischen Nationen ihre Fischereizonen
ebenfalls auf 200 Seemeilen erweiterten und somit überall gleiche Bedin-
gungen herrschten – eine geradezu salomonische Lösung. So etwas ist bei
den Auseinandersetzungen um den Walfang nicht zu erwarten, wobei
hier meist nur mit verbalen Mitteln gekämpft wird, mit Medienberichten,
Lobbyarbeit, Gutachten und Gegengutachten und Attacken in politischen Institutionen. Es ging aber auch schon aggressiver zur Sache, als

136 | ISLAND ERFASSEN

Tierfreunde 1986 zwei Schiffe des einzigen isländischen Finnwalfängers, Kristján Loftsson, im Hafen von Reykjavík versenkten und die Walfangstation in Hvalfjörður zerstörten.

Loftsson hat die Lizenz zum Töten – von Finnwalen. Er beruft sich auf die Fangquote, die von der vorletzten konservativen Regierung bis 2013 auf 150 Tiere pro Jahr festgelegt worden war, von der darauf folgenden linken Regierung nicht angetastet wurde und wohl auch bei der neuen, wiederum konservativen Regierung Bestand haben wird. Ohnehin sind die isländischen Regierungen vehemente Verfechter des Rechts, selbst darüber bestimmen zu dürfen, wie Island seine natürlichen Ressourcen nutzt. Es geht um Unabhängigkeit und nationale Befindlichkeit, dafür legen sie sich mit sämtlichen Regierungen weltweit an und gefährden ihre Beitrittschancen zur Europäischen Union, weil diese den kommerziellen Walfang ablehnt und bisher nicht zu Kompromissen bereit ist. Momentan stellt sich die Frage aber nicht, weil seit dem Amtsantritt der konservativen, europaskeptischen Regierung 2013 die Beitrittsverhandlungen auf Eis liegen.

## TIERFREUNDE GEGEN KÄPT'N AHAB

Der Walfänger Loftsson weiß auch eine Mehrheit der Bevölkerung hinter sich. Zumindest erklären sich in Umfragen bis zu drei Viertel der Isländer als Befürworter des Walfangs. Gern werden dann Erinnerungen hervorgekramt an die lange Walfangtradition des Landes – nur dass diese Erinnerungen trügen, denn erst 1935 wurde in Island überhaupt mit dem kommerziellen Walfang begonnen. Was vorher an Walfleisch konsumiert wurde, stammte überwiegend von toten, gestrandeten Tieren; das war eine sehr wichtige Nahrungsquelle für die chronisch arme und immer wieder von Hungersnöten heimgesuchte Bevölkerung. Der Walfang in isländischen Gewässern wurde von anderen Nationen betrieben; in der Vergangenheit hatten vor allem baskische Walfänger die Bestände schwer dezimiert. Auch in Island wurde zwischen 1989, nachdem drei Jahre zuvor das Fangverbot der Internationalen Walfangkommission in Kraft getreten war, und 2003 keine Harpune gezückt; danach wurden wissenschaftliche Gründe für den erneuten Walfang vorgeschoben, bis 2006 wieder mit dem streng limitierten kommerziellen Walfang begonnen wurde. Im Jahr 1992 hatte Island die Internationale Walfangkommission verlassen, war zehn Jahre später aber wieder beigetreten – freilich unter dem Vorbehalt eines Vetos gegen das Walfangverbot. Aber die wissenschaftlichen Grundlagen beispielsweise für Fangquoten erstellen eigene staatliche Institutionen und das gemeinsam mit Norwegen, Grönland und den Färöer-Inseln gegründete North Atlantic Marine Mammal Committee.

Kristján Loftsson, der von seinen Gegnern gern als eine Art blutrünstiger Käpt'n Ahab dargestellt wird, der dem Wal aus persönlichen Gründen an den Speck will, argumentiert rein wirtschaftlich: Es gebe den Markt für Walfleisch, also fange er Wale und verkaufe sie. Ein Problem dabei: Der Markt schrumpft stetig, was sicher auch eine Folge der jahrzehntelangen Kampagnen von Tierschutz- und Umweltorganisationen wie Greenpeace ist. In Deutschland würde man wohl niemanden finden, der Walfleisch isst; zumindest niemanden, der das zugibt. Die Japaner, neben Island und Norwegen die dritte große Walfangnation und bisher Hauptexportmarkt für Walfleisch aus Island, haben damit kein Problem. Aber auch hier geht der Verbrauch zurück, was Walfanggegner für ihre Argumentation nutzen; ohnehin lande ein Großteil des Walfleischs im Müll, weil weit über den Bedarf hinaus gefangen werde.

## WALFANG LOHNT SICH NICHT MEHR

Die verwendeten Zahlen und Statistiken sind zwar nicht immer zu verifizieren, aber das Argument geht in die richtige Richtung: Walfang lohnt sich wirtschaftlich nicht (mehr) – anders als in den Hochzeiten, als die Bestände verschiedener Arten rücksichtslos dezimiert wurden und einige Arten auf die Rote Liste gerieten. Würden sich Befürworter und Gegner des Walfangs mal bei einem Gläschen »Schwarzer Tod« (dem berüchtigten isländischen Schnaps) zusammensetzen und, soweit möglich, pragmatisch über Zahlen sprechen, kämen sie vielleicht zu einem Schluss, der an die salomonische Einigung im Kabeljaukrieg erinnert.

## WHALE-WATCHING ALS LÖSUNG?

Ganz gleich, ob man Wale als unbedingt zu schützende Kreaturen oder als Nahrungsmittel betrachtet: Man kann sie sich gewinnbringend zunutze machen, denn inzwischen ist das Whale-Watching in vielen Ländern der Erde zu einem lukrativen Teil der Tourismusindustrie geworden. Wale beobachten statt sie zu essen kann die Lösung sein. Vielleicht nicht für alle Menschen, die vom Walfang leben wie Kristján Loftsson, aber langfristig wäre allen Beteiligten geholfen: der Tourismusindustrie, die auch für Island immer bedeutender wird, den Tierfreunden, die beim Whale-Watching keine negativen Empfindungen mehr haben müssen, und vor allem den Walen selbst.

# GESCHICHTE

*Am Rande Europas gelegen, stellt Island eine eigene
kleine Welt dar. Die junge Nation hatte immer zu kämpfen:
um ihre Unabhängigkeit, gegen Krankheiten und Hunger
sowie gegen eine oftmals übermächtige Natur.*

## Um 870 Die ersten Siedler errichten Höfe auf Island

Als erster dauerhafter Siedler auf Island gilt der norwegische Wikinger Ingólfur Arnarson, der sich in der Gegend des heutigen Reykjavík niederließ, nachdem er wegen diverser Anklagen aus Norwegen fliehen musste. Ihm ist in Reykjavík ein Denkmal gewidmet. Aber er war keineswegs der Erste, der die Insel im Nordatlantik betrat. Archäologische Funde legen nahe, dass Norweger bereits im 7. Jh. auf den Westmänner-Inseln eine feste Wohnstätte errichtet hatten. Auch unternehmungslustige Färöer- oder Shetland-Bewohner könnten bereits früh die eisigen Gestade betreten haben. Und im Südosten der Insel wurden römische Kupfermünzen aus dem dritten Jahrhundert gefunden. Vermutlich wurden die Münzen von norwegischen Siedlern mitgebracht, die zwischen Arnarsons Erscheinen und dem Jahr 930 in großer Zahl – von 400 Familien ist die Rede – auf der Insel landeten und Höfe erbauten. In dieser Periode der Landnahme wurde bereits der größte Teil des Landes aufgeteilt; in dieser Zeit wurzelt auch das weltweit einzigartige Phänomen, dass nahezu die gesamte Bevölkerung eines Landes die eigene Familiengeschichte bis in die Siedlungsanfänge zurückverfolgen kann. Den Namen »Island«, also Eisland, gab der Insel übrigens der

Von Norwegen und den Britischen Inseln aus erfolgt die erste Besiedlung Islands.

870–930

930

In Þingvellir tritt die Nationalversammlung, das Althing, zusammen und bildet das erste Parlament Europas, das fast ohne Unterbrechung über 1000 Jahre besteht.

Wikinger Flokí, der in Vatnsfjörður überwintert hatte, dann nach Norwegen zurückgekehrt war und später endgültig nach Island übersiedelte.

## 930 Geburt des Parlamentarismus

Die herrschenden Familien Islands erkannten irgendwann die Notwendigkeit, ihre zahlreichen Streitigkeiten, bei denen es meist um Landrechte ging, einvernehmlich zu regeln. Auf einem Stück Land in der Nähe des heutigen Reykjavík, in Þingvellir, versammelten sich im Jahr 930 die Häuptlinge und gründeten eine Nationalversammlung, das Alþingi (Althing), das man auch als das erste Parlament Europas bezeichnen könnte. Es hatte freilich nicht viel mit heutigen Parlamenten gemein: So fehlte ihm die Exekutivmacht, und Frauen spielten keine Rolle. Die Zahl der Godentümer, also der eigentlichen Träger der Macht, wurde auf 36 festgelegt. Das Parlament tagte einmal im Jahr und regelte per Rechtsprechung die Angelegenheiten des unabhängigen Staates. Von großer Bedeutung war unter anderem die Annahme des Christentums um das Jahr 1000, die auch auf Druck des christlichen norwegischen Königs Olaf Tryggvason erfolgte und mit der die alten germanischen Götter abgeschafft wurden.

## Um 1000 Zeit der Entdeckungen

Zahlreiche Sagas berichten von der großen Zeit der Entdeckungen, als Erik der Rote und sein Sohn Leif Eriksson Grönland und Küstenstriche Nordamerikas fanden. Der Grund für die erste Reise Eriks nach Grönland war nicht reine Neugier; er war wegen eines Mordes verbannt worden und sammelte, nachdem er die Küste Südgrönlands entdeckt und erforscht hatte, nach der Verbannungszeit in Island eine Anzahl von Mitstreitern, mit denen er die erste Kolonie auf der nordwestlich gelegenen Eisinsel gründete. Der Name Grönland lockte; zu der Zeit gab es an den Fjorden grüne Landstriche, die vor allem als Weideland taugten. Die Siedlungen auf Grönland bestanden bis ins 15. Jh.; warum sie plötzlich verschwanden, ist bis heute nicht geklärt. Eriks Sohn Leif

**Um 1000** Erik der Rote entdeckt Grönland und gründet dort Siedlungen. Sein Sohn Leif Eriksson erforscht die Küste Nordamerikas. Seine Siedlung im heutigen Neufundland hat aber keinen Bestand.

**1000** Das Althing beschließt die Einführung des Christentums auf Island.

**11.–13. Jh.** Die nunmehr christlichen Häuptlinge halten gleichzeitig die weltliche und die kirchliche Macht in Händen. Die Kirche kämpft mithilfe der norwegischen Krone um Einfluss.

140 | ISLAND ERFASSEN

gilt als der Erste, der einen Küstenstreifen des nordamerikanischen Kontinents systematisch erkundete, obwohl er das Land vermutlich nicht als Erster entdeckt hatte. »Helluland« und »Vinland« werden von der archäologischen Forschung im heutigen Neufundland verortet. Die Siedlung, die Erik in Vinland anlegte, hatte aber keinen Bestand.

### 1030–1380 Kirchliche und weltliche Macht

Das Christentum etablierte sich schnell in Island. Schlauerweise hatten sich die Häuptlinge an die Spitze der Bekehrungswelle gesetzt und gleichzeitig zu Priestern, also zu kirchlichen Herren gemacht, sodass nahezu die ganze Macht in ihren Händen vereint war. Einige Zeit fuhren die Isländer gut mit dieser Konstellation, aber die Machtkonzentration in den Händen weniger erwies sich als Quelle ständiger Streitereien zwischen den bedeutenden Geschlechtern. Und die Kirche, deren nordeuropäisches Machtzentrum in Norwegen lag, strebte stets danach, die weltliche Macht zu brechen. Dies gelang schließlich im engen Verbund mit der norwegischen Krone, die immer Interesse hatte, Island zu beherrschen. Als Bischöfe auf Island wurden Norweger eingesetzt. Die Fehden zwischen den Geschlechtern auf der Insel schwächten den Staat, und wirtschaftlicher Druck brachte endlich den Erfolg und begründete 1262 mit dem Alten Vertrag die Herrschaft der Norwegerkönige, die bis zum Jahr 1380 dauern sollte. In dieser Zeit häuften die Bischöfe, die meist aus dem Ausland stammten, große Reichtümer an; sie waren neben den norwegischen Verwaltern die eigentlichen Herrscher Islands, die das Volk bluten ließen.

### 1380–1918 Die Dänen beherrschen Island

Nachdem sich die skandinavischen Königreiche Norwegen, Schweden und Dänemark zusammengeschlossen hatten, sollte es weitere fünfeinhalb Jahrhunderte dauern, bis Island seine staatliche Eigenständigkeit zurückerlangte. Unter der Herrschaft der Dänen, die in

---

**1262** Mit dem Alten Vertrag wird die Herrschaft der Norweger begründet; Gouverneure und Bischöfe plündern das Volk aus.

**1341** Ausbruch des Vulkans Hekla; Hungersnot und Seuchen dezimieren die Bevölkerung um zwei Drittel.

**Anfang 15. Jh.** Die Pest tötet rund 25 000 Menschen.

**14.–15. Jh.** Herrschaft Dänemarks, der führenden Kraft der drei skandinavischen Königreiche, über Island. Handelsmonopole und Hanse beherrschen Islands Wirtschaft.

dem skandinavischen Verbund die treibende Kraft waren, änderte sich für die Isländer nur wenig. Insbesondere waren es jetzt die Handelsmonopole, die dafür sorgten, dass die Bevölkerung der Insel vor allem Lieferanten von Gütern waren, die in Europa gebraucht wurden. Fisch war ein wichtiges Produkt, denn die Landwirtschaft in Europa hatte mit diversen Krisen zu kämpfen. Mit den isländischen Waren handelten Dänen, Engländer, auch die Handelsvereinigung Hanse, während es im Land selbst immer wieder zu Hungersnöten kam, die teils durch Naturkatastrophen wie Vulkanausbrüche ausgelöst wurden und denen große Teile der Bevölkerung zum Opfer fielen. Auch durch Epidemien wie Pest und Pocken wurde die Bevölkerung stark dezimiert; Auswanderungswellen waren eine Folge. Bei der allgemeinen Not spielte es keine Rolle, dass die katholische Staatsreligion in der Mitte des 16. Jh. durch den Protestantismus ersetzt wurde.

Ein Tiefpunkt in der Entwicklung Islands war erreicht, als 1800 durch den Dänenkönig das Althing aufgelöst wurde. Erst 45 Jahre später wurde das Parlament, freilich in abgespeckter Form, nur mit beratender Funktion, in Reykjavík wieder eingerichtet – allerdings auch wiederum auf Veranlassung des dänischen Königs. Denn in Dänemark war die Monarchie reformiert worden, die neue konstitutionelle Monarchie in Kopenhagen brachte den Isländern aber nicht die erhoffte Selbstständigkeit. Quasi als Geschenk zum 1001. Jahrestag der Landnahme erhielt das Althing wieder begrenzte Rechte der Gesetzgebung.

## 1918–1944 Der Griff lockert sich

Die Neuzeit ließ sich nicht aufhalten. Nachdem bereits seit 1904 jeweils ein Isländer in Kopenhagen die isländischen Interessen als Minister vertrat, wurde 1918 schließlich ein Vertrag unterzeichnet, der Island und Dänemark in einer Union zusammenführte – mit der Option für die Isländer, nach 25 Jahren für die vollständige Unabhängigkeit zu stimmen. Begleitet wurde diese Abnabelung vor und nach

**1550**
Hinrichtung des letzten katholischen Bischofs in Island, Jón Arason, und Einführung der evangelisch-lutherischen Religion.

Auflösung des Althings durch Dänemark.

Mit dem Unionsvertrag wird eine Union von Island und Dänemark begründet.

**1918**

**1783/84**
Ausbruch des Laki. Die folgende Hungersnot kostet 10 000 Isländer das Leben.

**1800**

**1845**
Das Althing konstituiert sich in Reykjavík neu, mit begrenzten Befugnissen.

dem Unionsvertrag von zahlreichen Neuerungen, mit denen die Moderne Einzug in Island hielt, etwa dem Frauenwahlrecht, der Einführung der Schulpflicht und der Gründung einer Universität, aber auch von einem wirtschaftlichen Aufschwung, der vor allem auf dem Fischreichtum basierte, und einer wachsenden politischen Bedeutung. Im Zweiten Weltkrieg entdeckten die Alliierten die strategische Bedeutung der Lage Islands für den Kampf gegen Deutschland und stationierten britische Truppen im Land – auf rigorose Art, nämlich mit einer Besetzung. Im vorletzten Kriegsjahr schließlich fand, nach einer Volksabstimmung, das Ereignis statt, worauf so viele Isländer hingearbeitet hatten: Island erklärte sich an historischer Stätte, in Þingvellir, am 17. Juni 1944 zur unabhängigen Republik.

### 1952–1976 Krieg um den Kabeljau

Wenn es um Fisch geht, sind die Isländer hartleibig. Auch wenn die Wirtschaft des Inselstaates inzwischen sehr viel diversifizierter ist – neben der Aluminiumproduktion spielt der Tourismus eine zunehmend wichtige Rolle –, sind es doch vor allem nach wie vor Fische und Fischereiprodukte, von denen Islands Wirtschaft abhängig ist. Das zeigte sich erstmals im Jahr 1952. Weil andere Nationen, vor allem die Briten, in den reichen Fischgründen um Island auf Raubzug gingen, indem sie mehr fischten als nachwuchs, erweiterte die isländische Regierung kurzerhand die Fischereizone von zwei auf drei und sechs Jahre später auf zwölf Seemeilen. Das führte zu Auseinandersetzungen mit England, die nachgerade kriegerischen Charakter annahmen und in die Geschichte als »Kabeljaukrieg« eingingen. Es folgten weitere Ausdehnungen der Fischereizone: 1972 auf 50 und 1976 auf 200 Seemeilen. Die Beziehungen zu Großbritannien lagen daraufhin ebenso auf Eis wie der Kabeljau, aber die Lösung des Dauerkonflikts kam von der Europäischen Union: Sie folgte dem isländischen Beispiel und weitete ihre eigenen Fischereizonen ebenfalls auf 200 See-

Britische Truppen besetzen die Insel; sie werden 1941 von US-Amerikanern abgelöst.

1940

1944 In Þingvellir wird am 17. Juni die Republik ausgerufen.

1946 Island wird Mitgliedstaat der Vereinten Nationen.

1955 Halldór Laxness erhält den Literaturnobelpreis.

meilen aus. Seither ist Island unangefochten wieder Herr in der eigenen 200-Meilen-Zone.

## Nach 2008 Krise und Wiederauferstehung

In der globalisierten Welt ist kein Staat mehr wirklich unabhängig. So wurde auch Island von der weltweiten Finanzkrise heftig erfasst. Nach jahrelangen grenzenlosen öffentlichen Investitionen und privatem Konsum brach das System zusammen: Großbanken gingen pleite und wurden unter staatliche Kontrolle gestellt; der Schuldenberg, den sie aufgehäuft hatten, betrug mehr als das Zehnfache der gesamten Wirtschaftsleistung. Das Land schaute einem Staatsbankrott entgegen, das Leben war für einen Großteil der Bevölkerung kaum mehr bezahlbar. In Folge kam es 2009 zu einem Regierungswechsel: von sozialliberal zu sozialdemokratisch-links-grün. Diese europafreundliche Allianz schaffte es, die Finanzen zu konsolidieren, was ihr bei der Parlamentswahl 2013 aber nicht gedankt wurde: Eine konservative, europaskeptische Koalition übernahm die Regierung. Die Beitrittsverhandlungen zur EU, die die sozialdemokratische Ministerpräsidentin Jóhanna Sigurðardóttir 2010 begonnen hatte, liegen seither wieder auf Eis. In der Bevölkerung ist das Meinungsbild zu Europa gespalten – mal gibt es eine Mehrheit für den Beitritt, mal überwiegt die Ablehnung. Diese Wechselhaftigkeit findet auch ihren Ausdruck in wechselnden Präferenzen für bestimmte Politiken und Politiker, am spektakulärsten wohl mit der Wahl des Komikers, Schauspielers und Anarchisten Jón Gnarr zum Bürgermeister von Reykjavík, der er von 2009 bis Juni 2014 regierte – entgegen allen Befürchtungen sehr erfolgreich. Ähnliche Schlagzeilen machten sonst nur Vulkanausbrüche wie der des Eyjafjallajökull 2010, der den Flugverkehr in Europa zum Erliegen brachte.

Seit Juni 2014 ist Dagur B. Eggertsson von der sozialdemokratischen Allianz (Samfylkingin) nach 2007/2008 zum zweiten Mal Bürgermeister der Hauptstadt Reykjavík.

---

**2008** — Die internationale Finanzkrise bringt Island an den Rand des Staatsbankrotts.

**1963** — Island vergrößert nach einem Vulkanausbruch mit der neuen Insel Surtsey sein Staatsgebiet um 1,41 qkm.

**2011** — Island ist Ehrengast der Frankfurter Buchmesse und sorgt so für einen weiteren Aufschwung der isländischen Literatur.

# KULINARISCHES LEXIKON

**A**
all – Aal
ávaxtasafi – Fruchtsaft

**B**
beikon – geräucherter Speck
bjúga – Hackwurst
blóðmör – Blutwurst mit Rosinen
bjór – Starkbier
brauð – Brot
búðingur – Pudding

**D**
djúpsteikt – frittiert
drykkir – Drinks

**E**
egg – Ei
eplakaka – Apfelkuchen

**F**
fiskibollur – gebratene Fischklopse
    mit Gemüse
fiskur – Fisch
flatkökur; flatbrauð – Roggen-
    pfannkuchen; Fladenbrot
franskar – Pommes frites
fuglar – Geflügel

**G**
gráðostur – Schimmelkäse
grænmeti – Gemüse

**H**
hákarl; kæstur hákarl – fermentierter
    Hai
hangikjöt – geräuchertes Lammfleisch
harðfiskur – Trockenfisch, als Snack
    oder mit Butter serviert

hörpuskel – Jakobsmuschel
hrefna – Minkwal
hreindýr – Rentier
hrísgrjön – Reis
hrútspungar – eingelegter Hammel-
    hoden, auch als Pastete
humarhalar – Hummerkrabben-
    schwänze
hverabrauð – dunkles Roggenbrot,
    bis 24 Stunden gebacken, traditio-
    nell in Vulkanerde
hvítvín – Weißwein

**I**
ís – Eiscreme
islenskur matur – isländische Spezia-
    litäten

**K**
kaffi – Kaffee
kakósúpa – Kakaosuppe, mit Zwieback
    serviert
kálfasneið – Kalbsschnitzel
kalkúni – Pute
karfi – Rotbarsch
kartöflumús – Kartoffelpüree
kjöt – Fleisch
kjötsúpa – Fleischeintopf mit Reis
    und Gemüse
kjúklingabringa – Hähnchenbrust
kleina, pl. kleinur – rautenförmiges
    Schmalzgebäck
kræklingur – Miesmuschel

**L**
lambakjöt – Lammfleisch
laufabrauð – Knusperfladen,
    zu Weihnachten
lax – Lachs

**Kulinarisches Lexikon | 145**

leturhumar – Languste, Hummer-
krabbe
lúða – Heilbutt
lundabaggi – gekochte, sauer eingelegte Schafsinnereien
lundi – Papageitaucher, gebraten
oder geräuchert
læri – Keule

## M

margs konar hjónabandsæla –
»Eheglück«, Kuchen ähnlich der
Linzer Torte
molakaffi – schwarzer Kaffee mit
Würfelzucker (sykurmolar)
mysa – Molke

## N

naut – Rindfleisch

## O

ostakaka – Käsekuchen
ostur – Käse(-sorten)
öl – Bier

## P

plokkfiskur – Fisch-Kartoffel-Eintopf
pönnukaka (pl. pönnukökur) –
crêpeartige Pfannkuchen
pylsur – Wurst
pylsur »ein með öllu« – Hotdog
mit diversen Saucen und Trocken-
zwiebeln

## R

rauðvin – Rotwein
reykt – geräuchert
rjóma – Sahne
rækja – Garnele

## S

saltfiskur – gepökelter Kabeljau mit
Kohlrüben und Hammelfett

sandhverfa – Steinbutt
síld – Hering
silungu – Forelle
sjávarrétta – Meeresfrüchte
skarkoli, rauðspretta – Scholle
skata – fermentierter Rochen,
»Gammelrochen«
skinka – Schinken
skyr – traditioneller dünner Quark
slátur – im Schafsmagen gekochte
Innereien, wie Saumagen
smjör – Butter
soðin – gekocht, gesotten
steikt – gebraten
steinbítur – Seewolf
súkkulaðiðikaka – Schokoladentorte
súpa dagsins – Tagessuppe
súrmeti, súrsaðir – milchsauer eingelegt bzw. gekocht
súrmjólk – Dickmilch
sveppir – Pilze
svið – gesengter Schafskopf, mit
Rübenmus und Stampfkartoffeln
svín – Schwein
sulta – Sülze

## T

tebollur – traditionelles Teegebäck
tunga – Zunge

## U

ufsi – Seelachs

## V

vínarbrauð – traditionelles Gebäck
vöfflur – süße Waffeln

## Y

ýsa – Schellfisch

## Þ

þorskur – Kabeljau, Dorsch
þurrkaður – luftgetrocknet

# SERVICE

## Anreise

### MIT DEM FLUGZEUG

Island ist knapp vier Flugstunden von Deutschland entfernt. Den internationalen Flughafen **Keflavík**, der rund 45 km westlich der Hauptstadt Reykjavík liegt, erreicht man direkt und oft nonstop von Frankfurt, Berlin, Düsseldorf, München, Stuttgart, Hamburg und Köln/Bonn und fast allen anderen deutschen Flughäfen, auch Zürich, Genf, Wien und Salzburg sind direkt angebunden. Lufthansa, Icelandair, Germanwings, Air Berlin oder Wow Air bieten sommers mehr Flüge an als im Winter.

Auf www.atmosfair.de und www.myclimate.org kann jeder Reisende durch eine Spende für Klimaschutzprojekte für die $CO_2$-Emission seines Fluges aufkommen.

### WEITER MIT BUS ODER TAXI

Zwischen Keflavík und Reykjavík verkehrt der Flughafenbus (Flybus), die Fahrt dauert rund 45 Minuten. Angefahren wird der BSÍ Busterminal, es besteht aber auch die bequeme Möglichkeit der direkten Verbindung zu und von zahlreichen Hotels. Eine Fahrt kostet ab 1950 ISK, mit Hotelanbindung ab 2500 ISK; Kinder bis 11 Jahre fahren gratis, 12- bis 15-Jährige für die Hälfte (www.re.is/flybus). Eine weitere Möglichkeit ist der Airportexpress, der ebenfalls die Hotels anfährt (www.airportexpress.is). Taxifahrten zwischen Flughafen und Stadt kosten zwischen 13 000 und 17 000 ISK.

### MIT DEM SCHIFF

Wer das eigene Auto oder Wohnmobil mitnehmen will oder einfach eine gemächliche Schiffsanreise bevorzugt, kann vom dänischen Hirtshals aus nach Seyðisfjörður an der Ostküste Islands fahren, mit einem Stopp auf den **Färöer-Inseln**. Die »MS Norröna« der Reederei Smyrilline braucht für eine Fahrt etwa 48 Stunden in der Hauptsaison (Mitte Juni–Ende August), in der Nebensaison dauert es wegen des längeren Aufenthalts auf den Färöer-Inseln etwas länger (www.smyrilline.de).

## Auskunft

### IN DEUTSCHLAND, ÖSTERREICH UND DER SCHWEIZ

Informationen vermitteln Reisebüros sowie die offizielle Website de.visiticeland.com

### IN ISLAND

**Tourist Information** ▶ Klappe hinten, b 2
Aðalstraeti 2, 101 Reykjavík | Tel. 5 90 15 50 | www.visitreykjavik.is | Juni–Mitte Sept. tgl. 8.30–19, sonst Mo–Fr 9–18, Sa bis 16, So bis 14 Uhr

### Buchtipps

**Kristín Marja Baldursdottír: Die Eismalerin** (Fischer Taschenbuch, 2007) Wie hart die Zeit um 1900 für Frauen und Mädchen war, schildert dieser Tatsachenroman um die Themen Emanzipation, künstleri-

sche Ambitionen und das entsagungsvolle Leben der kleinen Leute.
**Arnaldur Indriðason: Nordermoor** (Bastei-Lübbe, 2011) Erlendur Sveinsson heißt der problemgeplagte Kommissar, der einen lange zurückliegenden Vergewaltigungsfall aufzuklären hat und dabei aktuelle Probleme der isländischen (Gesellschafts-)Politik streift. Erster verfilmter Roman des Autors.
**Halldór Laxness: Die Islandglocke** (Steidl Verlag, 2012) Literaturnobelpreisträger Laxness erzählt die Geschichte eines Bauern um 1700, der mit der Justiz aneinandergerät und sich trotz eines 30 Jahre dauernden Prozesses nicht brechen lässt. Ein Schelmenroman, der auch die soziale und politische Geschichte Islands spiegelt.
**Ursula Spitzbart: Zwischen Licht und Dunkel. Abenteuer Alltag in Island** (Dryas Verlag, 2010) Die Autorin reist nach Island, verliebt sich in einen Isländer – und bleibt. In amüsanten und informativen Geschichten erzählt sie von Elfen, liebenswerten Marotten und der winterlichen Dunkelheit.

## Diplomatische Vertretungen
### Deutsche Botschaft Reykjavík
▶ **Klappe hinten, c 3**
Laufásvegur 31, 101 Reykjavík | Tel. 5 30 11 00

Die **Schweiz** wird durch die Botschaft in Norwegen vertreten.
Embassy of Switzerland, Bygdøynesveien 13, 0244 Oslo | Tel. 22 54 23 90

### Honorargeneralkonsulat der Republik Österreich
▶ **Klappe hinten, östl. f 6**
Orrahólar 5, 111 Reykjavík | Tel. 5 57 54 64

## Feiertage
Gesetzliche Feiertage sind
**1. Januar** Neujahr (Nýársdagur)
**Gründonnerstag** (Skírdagur)
**Karfreitag** (Föstudagurinn langi)
**Ostersonntag** (Páskadagur)
**Ostermontag** (Annar í páskum)
**3. Donnerstag im April** Sommeranfang (Sumardagurinn fyrsti)
**1. Mai** Tag der Arbeit (Hátíðisdagur Verkamanna)
**Christi Himmelfahrt** (Uppstigningardagur)
**Pfingstsonntag** (Hvítasunnudagur)
**Pfingstmontag** (Annar í hvítasunnu)
**17. Juni** Nationalfeiertag (Íslenski þjóðhátíðardagurinn)
**1. Montag im August** Handelsfeiertag (Verslunarmannahelgi)
**24. Dezember** Heiligabend (Aðfangadagur)
**25. Dezember** 1. Weihnachtstag (Jóladagur)
**26. Dezember** 2. Weihnachtstag (Annar í jólum)
**31. Dezember** Silvester (Gamlárskvöld)

## Geld
| | |
|---|---|
| 100 ISK | 0,65 €/0,78 SFr |
| 1 € | 154 ISK |
| 1 SFr | 128 ISK |

Währungseinheit ist die Isländische Krone (króna; ISK). Die Isländer zahlen häufig mit Kreditkarte, auch kleinste Beträge; alle gängigen Kreditkarten werden akzeptiert. Die Banken sind

Montag–Freitag von 9.15–16 Uhr geöffnet. Bargeld gibt's mit der EC-Karte
am Automaten.

## Kleidung

Die Durchschnittstemperaturen in
Island sind kühl, auch wenn der
Golfstrom dafür sorgt, dass es nicht
eisig wird. Viel wärmer als 12, 13 Grad
Celsius wird es auch in den Sommermonaten nicht, also ist in jedem Fall
warme Kleidung mitzunehmen. Auch
Regenbekleidung sollte nicht fehlen.
Für alle Touren ist festes Schuhwerk
unabdingbar. In Island geht man gerne
baden: Die Frei- und Schwimmbäder
sind beheizt, und so gut wie jede Unterkunft verfügt über einen Hot Tub –
also Badekleidung mitnehmen.

## Links und Apps

LINKS

**de.visiticeland.com**
Ausführliche Informationen in
Deutsch gibt es auf dieser offiziellen,
übersichtlich gegliederten Website.
**www.botschaft-island.de**
Umfangreiche Infos, auch über Studie-
ren und Arbeiten in Island.
**www.icelandreview.com**
Informatives Allround-Magazin, auch
in Deutsch.
**www.iceland.de**
Landeskunde, Reisevorschläge, Koch-
rezepte und mehr auf Deutsch.
**www.reykjavikcornerstore.com**
Der Store liefert typisch Isländisches
auch nach Deutschland.

APPS

**Be Iceland**
Geeignet zum Auffinden der wichtigsten Sehenswürdigkeiten, Übernachtungsmöglichkeiten, Restaurants und
Sightseeingtouren. In Englisch.
Für iOS und Android | gratis

**Explore Iceland's Favourite Places-
Virtual Travel**
Mehr als 100 isländische Sehenswür-
digkeiten im Video. In Englisch.
Für iOS | 8,99 €

**Reykjavik Map and Walks**
Verschiedene Stadtspaziergänge samt
Stadtplan in Reykjavik. In Englisch.
Für iOS und Android | gratis

## Medizinische Versorgung

KRANKENVERSICHERUNG

Die Europäische Krankenversiche-
rungskarte (EHIC) sollte in jedem Fall
dabei sein, aber auch der Abschluss
einer privaten Reisekrankenversiche-
rung empfiehlt sich, da sie gegebenen-
falls Rücktransporte sicherstellt.

KRANKENHAUS

Krankenhäuser oder Gesundheitszen-
tren gibt es in jedem größeren Ort.
Impfungen vor der Einreise sind nicht
erforderlich.

APOTHEKEN

Apotheken (»apótek«) sind überall zu
finden und zu den üblichen Geschäfts-
zeiten (in den Sommermonaten in der
Regel 9–18 Uhr) geöffnet.

## Menschen mit Behinderung

Fast alle Hotels und Restaurants sind
gut auf Menschen mit Behinderung
eingestellt. Behindertengerechte Zimmer kann man fast überall buchen,
frühzeitige Anmeldung, auch für Fahrten mit Überlandbussen, ist anzuraten.
Informationen im Internet unter www.
obi.is (auf Englisch).

## Nebenkosten

| | |
|---|---|
| 1 Tasse Kaffee | ab 2 € |

(meist ist die zweite Tasse gratis)

| | |
|---|---|
| 1 Bier (0,5 l) | 5,00–6,50 € |
| 1 l Coca-Cola (Supermarkt) | 2,00 € |
| 1 Hotdog | 2,50 € |
| 1 l Benzin (Stand Januar 2015) | 1,32 € |
| Mietwagen/Tag | ab 70,00 € |

## Notruf

Landesweite Notfallrufnummer für Polizei, Krankenwagen und Feuerwehr: 112

## Post

Postämter gibt es in allen größeren Orten; sie sind in der Regel Mo–Fr von 9–16.30 Uhr geöffnet. Postkarten und Briefe bis 50 g, die man in einen der roten Briefkästen im ganzen Land einwerfen kann, kosten in alle europäischen Länder 165 ISK (www.postur.is).

## Reisedokumente

Personalausweis oder Reisepass bzw. Kinderausweis sind obligatorisch. Reisedokumente müssen drei Monate über die Reise hinaus gültig sein.

## Reiseknigge

Die Isländer sind offen und freundlich, der Umgang miteinander ist unkompliziert. Wie überall sollte man die Privatsphäre respektieren; so sollte bei Wanderungen privater Grund nicht ohne Genehmigung betreten werden. Beim freien Zelten sollte man auf jeden Fall die Erlaubnis des Landbesitzers einholen. Die Natur auf der Insel ist überaus empfindlich, entsprechende Rücksichtnahme ist daher selbstverständlich. Dazu gehört auch, dass man keinen Abfall liegen lässt.

In Hotels und anderen Unterkünften sollte man nicht allzu forsch sein, wenn Entspannung im »Hot Pot« angesagt ist. Die Gleichsetzung von »nordisch« mit unbegrenzt freizügig ist ein hartnäckiges Klischee.

**Trinkgeld** ist in Island nicht üblich, auch Aufrunden einer Rechnung stößt meist auf Unverständnis. Allerdings gilt dies nicht mehr unbedingt in den internationalen Hotels und touristischen Einrichtungen der Hauptstadt. Wenn man Sie schon beim ersten Kontakt duzt, dann ist das keine plumpe Vertraulichkeit, sondern vollkommen normal. Alle Isländer reden sich mit dem Vornamen an und duzen sich.

**Rauchen** ist in öffentlichen Gebäuden, Verkehrsmitteln und Gastronomiebetrieben untersagt.

## Reisezeit

Die Sommermonate von Mitte Juni bis Ende August sind die beste Reisezeit, zum einen wegen der Temperaturen, zum anderen, weil dann alle touristischen Einrichtungen geöffnet sind. Die Hauptstadt Reykjavík freilich ist ganzjährig ein lohnendes Reiseziel. Aber zu allen Jahreszeiten muss mit kaltem und nassem Wetter gerechnet werden. Wer durchs Inselinnere wandern will, sollte die kurzen Sommermonate nutzen, wobei selbst der Juni noch problematisch sein kann. Der Mückenschutz kann übrigens zu Hause bleiben; in Island sind, im Gegensatz zu den anderen nordischen Ländern, Mücken keine große Plage, eine Ausnahme bildet jedoch der Mývatn, der seinen Namen Mückensee durchaus zu Recht trägt. Im Norden der Insel regnet es seltener als im Süden. Wenn es im Norden regnet, ist es im Süden meist schön; das gilt auch umgekehrt.

## Reykjavík Welcome Card

Mit der Reykjavík Welcome Card hat man freien Eintritt in die wichtigsten Museen, kann die öffentlichen Verkehrsmittel und die Schwimmbäder umsonst nutzen und bekommt in einigen Läden und Restaurants Rabatt.

24 Std.: 2900 ISK, Kinder (6–18 Jahre) 1000 ISK; 48 Std.: 3900 ISK, Kinder (6–18 Jahre) 2000 ISK; 72 Std.: 4900 ISK, Kinder (6–18 Jahre) 3000 ISK

## Sicherheit

Island ist eines der sichersten Reiseländer weltweit. Hier wird, zumindest auf dem Land, selten die Tür abgesperrt. Dem kriminellen Hintergrund, auf dem die zahlreichen Island-Krimis gedeihen, wird der Gast äußerst selten begegnet. Aber auch hier gilt: Reykjavík ist anders. Wo so viele Touristen unterwegs sind, ist auch die Versuchung größer, und man sollte ein übliches Maß an Vorsicht walten lassen. Das Auto oder das Wohnmobil abzuschließen, ist wie überall auf der Welt immer anzuraten.

## Strom

Die Stromspannung entspricht mit 240 Volt europäischen Standards; ein Adapter ist nicht notwendig. Europäische Normalstecker sind üblich.

## Telefon

VORWAHLEN

**D, A, CH ▸ Island** 00 354
**Island ▸ D** 00 49
**Island ▸ A** 00 43
**Island ▸ CH** 00 41

Alle Teilnehmernummern in Island sind siebenstellig, ohne Ortsnetzkennzahl, und werden direkt nach der Landesvorwahl gewählt. Von Telefonzellen kann man mit Kreditkarte oder mit einer Telefonkarte, die bei der Post oder an Tankstellen erhältlich ist, ins Ausland telefonieren. Das **Mobilfunknetz** ist in den Orten und entlang der Ringstraße sehr gut ausgebaut, im Hochland dagegen gibt es fast nirgends Empfang. Bei einem der vier GSM-Betreiber der Insel, Síminn, kann man für die Dauer des Aufenthalts ein Mobiltelefon mieten (www.siminn.is). An Tankstellen sind im Voraus bezahlte GSM-Karten zu erstehen.

## Klima (Mittelwerte)

| | Januar | Februar | März | April | Mai | Juni | Juli | August | September | Oktober | November | Dezember |
|---|---|---|---|---|---|---|---|---|---|---|---|---|
| Tagestemperatur | 2 | 3 | 4 | 6 | 9 | 12 | 14 | 13 | 11 | 7 | 3 | 2 |
| Nachttemperatur | -3 | -2 | -2 | 0 | 4 | 5 | 7 | 8 | 5 | 2 | -2 | -4 |
| Sonnenstunden | 1 | 2 | 4 | 5 | 6 | 5 | 7 | 5 | 4 | 3 | 1 | 1 |
| Regentage pro Monat | 13 | 13 | 14 | 12 | 10 | 11 | 10 | 12 | 12 | 15 | 13 | 14 |

### Tiere

Für Haustiere ist eine vierwöchige Quarantäne vorgeschrieben.

### Trinkwasser

Wasser aus dem Hahn und auch direkt aus Flüssen und Seen kann überall bedenkenlos getrunken werden, außer in der Nähe von Industrieansiedlungen. Geruch und Geschmack nach Schwefel sind gewöhnungsbedürftig, aber gesundheitlich unbedenklich.

### Verkehr

AUTO

Wer mit dem eigenen Wagen anreist, sollte wissen, dass Nebenstraßen im Hochland nur geschotterte Pisten sind. Kein Problem gibt es in den Städten und auf der rund 1400 Kilometer langen **Ringstraße**, die gut ausgebaut und weitestgehend asphaltiert ist. Für Touren auf den Straßen im Hochland, die fast alle einspurig sind, ist ein allradgetriebenes und möglichst hochbeiniges Fahrzeug Pflicht. Außerhalb der Straßen zu fahren, ist strikt verboten, die Geldbußen hoch. Unabdingbar sind detaillierte Straßenkarten, die man beispielsweise an Tankstellen kaufen kann. Vor Hochlandtouren sollte man sich unbedingt über die Straßenzustände informieren, beispielsweise im Internet bei www.road.is oder per Telefon: 17 77 (tgl. 8–16 Uhr). Innerhalb von Ortschaften liegt die erlaubte **Höchstgeschwindigkeit** bei 50 km/h, auf Nebenstraßen und Schotterpisten bei 80 km/h und auf asphaltierten Strecken bei 90 km/h. Verstöße gegen die 0,5-Promillegrenze werden streng geahndet, die Bußgelder sind deutlich höher als in Deutschland. Es

gibt in der Regel wenige Warnschilder, »blindhæd« weist auf nicht einsehbare Straßenkuppen hin. Recht häufig sind Brücken einspurig, wer sie zuerst erreicht, hat Vorfahrt. Frei laufende Schafe, von denen es in Island viele gibt, haben immer Vorrang. Für alle Insassen gilt Anschnallpflicht, und Pflicht ist ebenfalls das tagsüber eingeschaltete Abblendlicht. Die unterbrochene gelbe Linie am Straßenrand bedeutet Parkverbot, die durchgezogene Linie Halteverbot.

In der Hauptstadt sind die **Tankstellen** im Sommer von 7.30–20, oft sogar bis 23.30 Uhr geöffnet, sonntags ab 9 Uhr, im Winter ab 10 Uhr. Es gibt aber auch zahlreiche Selbstbedienungszapfsäulen. Als Zahlungsmittel werden Scheine und Kreditkarten akzeptiert. Vor Überlandfahrten sollte man sich rechtzeitig mit Treibstoff eindecken. Mietwagen kann man beispielsweise an Flughäfen und bei Reisebüros buchen; günstiger ist es aber, die Buchung bereits zu Hause im Internet vorzunehmen. Ein normaler, international zugelassener Führerschein reicht aus.

BUS

Das Busnetz in Island ist gut ausgebaut, praktisch jeder Ort ist erreichbar, zumindest im Sommer. Tickets löst man an der Busstation oder direkt beim Fahrer. Wer viele Busreisen plant, sollte sich einen der diversen Buspässe besorgen (Informationen bei www.bsi.is).

FÄHRE

Von Stykkishólmur über Flatey nach Brjánslækur in die Westfjorde (www.saeferdis.is) und von Bakki auf die Westmännerinseln (www.herjolfur.is).

## FLUGZEUG

Die wichtigsten Orte auf Island werden von der isländischen Fluglinie Eagle Air (www.ernir.is) angeflogen, die auch Charter- und Rundflüge anbietet. Auch Iceland Air (www.airiceland.is) hat ein dichtes Netz. Drehkreuz ist der innerstädtische Flughafen von Reykjavík.

## Zeitungen und Zeitschriften

Deutsche Zeitungen und Zeitschriften sind an Flughäfen und in der Hauptstadt zu bekommen. Die alternative englischsprachige Zeitschrift »The Reykjavík Grapevine« enthält u. a. Informationen für Touristen (Verzeichnis von Restaurants, Cafés, u. a.) sowie Veranstaltungstipps für ganz Island (www.grapevine.is).

## Zeitverschiebung

In Island gilt die Greenwich Time, die 1 Stunde hinter der Mitteleuropäischen Zeitzone mit Deutschland, Österreich und der Schweiz zurückliegt (MEZ –1).

## Zoll

Neben Dingen des persönlichen Bedarfs dürfen Reisende ab 18 Jahren 200 Zigaretten oder 250 g andere Tabakwaren einführen. Reisende ab 20 Jahren dürfen 1 l Spirituosen und 1 l Wein oder 6 l Bier einführen.

Die Einfuhr von ungekochtem Fleisch, von ungekochter Milch und rohen Eiern ist verboten.

Angel- und Reitausrüstung und/oder Reitkleidung muss desinfiziert worden sein bzw. vor Ort desinfiziert werden. Sättel und Zaumzeug aus Leder können nur unbenutzt und noch original verpackt eingeführt werden. Eine Desinfizierung bzw. Reinigung reicht bei Reitausrüstung aus Leder nicht aus. Nähere Informationen unter http://www.kefairport.is/Deutsch/Vor-dem-Abflug/Einfuhrbestimmungen.

Die Einfuhr von Walfleisch in die EU sowie in die Schweiz ist verboten. Weitere Auskünfte unter www.zoll.de, www.bmf.gv.at/zoll und www.zoll.ch.

## Entfernungen (in Kilometern) zwischen wichtigen Orten

| | Akureyri | Egilsstaðir | Höfn | Husavík | Ísafjörður | Kirkjubæjar-klaustur | Reykjavík | Siglufjörður | Stykkishólmur | Vík í Myrdal |
|---|---|---|---|---|---|---|---|---|---|---|
| Akureyri | – | 265 | 512 | 93 | 567 | 633 | 389 | 79 | 353 | 561 |
| Egilsstaðir | 265 | – | 247 | 220 | 832 | 440 | 698 | 342 | 628 | 511 |
| Höfn | 512 | 247 | – | 404 | 922 | 201 | 459 | 526 | 617 | 273 |
| Husavík | 93 | 220 | 404 | – | 647 | 596 | 480 | 169 | 443 | 652 |
| Ísafjörður | 567 | 832 | 922 | 647 | – | 702 | 457 | 554 | 390 | 630 |
| Kirkjubæjarklaustur | 633 | 440 | 201 | 596 | 702 | – | 258 | 627 | 413 | 71 |
| Reykjavík | 389 | 698 | 459 | 480 | 457 | 258 | – | 383 | 172 | 187 |
| Siglufjörður | 79 | 342 | 526 | 169 | 554 | 627 | 383 | – | 350 | 555 |
| Stykkishólmur | 353 | 628 | 617 | 443 | 390 | 413 | 172 | 350 | – | 345 |
| Vík í Myrdal | 561 | 511 | 273 | 652 | 630 | 71 | 187 | 555 | 345 | – |

# IHRE MEINUNG IST UNS WICHTIG!

Wir möchten mit unseren Reiseführern für Sie und Ihre Reise noch besser werden. Nehmen Sie sich deshalb bitte kurz Zeit, uns einige Fragen zu beantworten. Als Dankeschön für Ihre Mühe verlosen wir traumhafte Preise unter allen Teilnehmern.

**1. PREIS**
Eine zweiwöchige Fernreise für zwei Personen

**2. PREIS**
Wochenend-Trip in eine europäische Hauptstadt

**3. PREIS**
Je einen von 100 Reiseführern Ihrer Wahl

**Mitmachen auf**
www.reisefuehrer-studie.de

**Oder QR-Code mit Tablet/Smartphone scannen**

## MERIAN
### Die Lust am Reisen

Teilnahmebedingungen: Teilnahmeschluss 31.12.2015; teilnahmeberechtigt sind alle Personen, die das 18. Lebensjahr vollendet haben, mit Ausnahme der Mitarbeiter der TRAVEL HOUSE MEDIA GmbH und deren Angehörige. Der Rechtsweg ist ausgeschlossen. Der Gewinn ist nicht übertragbar und nicht gegen Bargeld einlösbar. Die Gewinner werden schriftlich benachrichtigt. Wir versichern Ihnen, dass Ihre Daten den Bestimmungen des Bundesdatenschutzgesetzes (BDSG) unterliegen und keinem Dritten zugänglich gemacht werden. Fotos v.l.: fotolia©Pakhnyushchyy; fotolia©elenaburn

# ORTS- UND SACHREGISTER

Wird ein Begriff mehrfach aufgeführt,
verweist die **fett** gedruckte Zahl auf die Hauptnennung.
Abkürzungen: Hotel [H] · Restaurant [R]

**A**kranes 17, 77
Akureyrarkirkja
 [Akureyri] 87
Akureyri 9, 14, **87**
Alter Hafen [Reykjavík]
 55
Angeln 39
Anreise 146
Apotheken 148
Apps 148
Árbæjarsafn/Freilicht-
 museum [Reykjavík]
 57
Architektur 104
Arnarstapi **13**, 83
Ásbyrgi 91
Ásmunder Sveinsson
 Museum [Reykjavík]
 57
Auf einen Blick 132
Auskunft 146
Auto 151

**B**akkagerði **15**, 102
Bauernhöfe 23
Bevölkerung 132
Bláa Lónið/Blaue
 Lagune [Grindavík]
 [MERIAN TopTen] 8,
 39, **65**
Borg Restaurant [R,
 Reykjavík] **18**, 61
Borgarfjörður 102
Borgarnes 78
Botanischer Garten
 [Akureyri] **14**, 88

Breidavík [H, Látrab-
 jarg] 83
Brennivín 27
Bryðebuð [Vík í Myrdal]
 114
Buchtipps 146
Bus **146**, 151
Bustarfell [MERIAN
 TopTen] 103
Byggðasafn Vestfjarda/
 Seefahrtsmuseum
 [Ísafjörður] 81

**C**afé Björk [R, Akureyri]
 88
Café Paris [R, Reykjavík]
 62
Café Simbahöllin [R,
 Þingeyri] 82
Café Sumarlína
 [R/H, Fáskrúðs-
 fjörður] 100
Campingplätze 23
Cowshed-Café [R,
 Vogafjós] 93

**D**eildartunguhver
 79
Design 35
Dettifoss 91
Diplomatische Ver-
 tretungen 147
Djúpalónssandur 127
Djúpivogur 99
Dómkirkjan [Reykjavík]
 55

Duushus [Keflavík] 68
Dyrhólaey 115

**E**ddahotels 23
Egilsstaðir 101
Einar Jónsson Museum
 [Reykjavík] 58
Einkaufen 34
Eldfjallasafn/Vulkan-
 museum [Stykkishól-
 mur] 84
Eldgjá 118
Eldheimar [Heimaey] **17**,
 114
Elfen 44
Entfernungen 152
Eskifjörður 102
Essen und Trinken 26
Eyjafjallajökull 109, **115**

**F**ähre 151
Fákasel [Ölfus] **18**, 112
Fáskrúðsfjörður 100
Feiertage 147
Ferðaþjónustan Mjóeyri
 [H, Eskifjörður] **24**,
 102
Feste feiern 44
Fisch 27
Fischerei 133, **134**
Fjaðrárgljúfur-Schlucht
 112
Fjörugarðurinn [R, Haf-
 narfjörður] **28**, 68
Fljótstunga [H, Húsafell]
 80

Orts- und Sachregister | 155

Flugzeug **146**, 152
Fosshótel Austfirðir
  [H, Fáskskrúðs-
  fjörður] **18**, 100
Fosshótels 23
Frost and Fire [H, Hver-
  agerði] **24**, 111

**G**aldrasýning á Strön-
  dum/Museum für
  Hexerei und Zauberei
  [Hólmavík] 81
Gallerí Snærós [Stöð-
  varfjörður] 100
Gamla Fjosid [R, Eyja-
  fjallajökull] 32
Gamla laugin [Flúðir]
  **19**, 112
Gamli Bærinn Laufás
  [Grýtubakkahreppur]
  89
Gamli Baukur [R,
  Húsavík] 91
Gästehäuser 23
Geld 147
Geografie 132
Geschichte 138
Gestern & heute 160
Geysir 8, **66**, 124
Geysir Center [Geysir]
  67
Glaumbær 95
Gljúfrasteinn [Mosfells-
  bær] 67
Goðafoss 89
Golden Circle 8, **124**
Golf 40
Golfstrom 7
Grassodenhäuser 105
Grillmarkaðinn [R,
  Reykjavík] **28**, 62
Grímsey 97
Grimsvötn 109
Grundafjörður 126
Grüner reisen 30

Gullfoss 8, **67**, 124
Gunnuhver 128

**H**afnarfjörður 67
Hafnarhús/Hafenhaus
  [Reykjavík] 58
Hai, fermentiert 28
Haimuseum [Bjarnar-
  höfn] 49
Hallgrímskirkja
  [Reykjavík] 55, 106
Harpa [Reykjavík] **56**,
  107
Harpa Ökomarkt
  [Reykjavík] 32
Heimaey 113
Heimilisiðnaðarsafnið/
  Textilmuseum
  [Blönduós] 96
Hekla 109, **118**
Helgafell **14**, 84
Herðubreið 119
Hochland 9, **117**
Hochlandrouten 117
Höfði [Reykjavík] 56
Höfn 109
Hönnunarsafn Íslands/
  Museum für ange-
  wandtes Design
  [Reykjavík] 59
Hornafjörður Art
  Museum [Höfn]
  109
Hot Pot 7, **38**
Hotdog 26
Hotel Aldan [H, Seyðis-
  fjörður] **24**, 103
Hotel Borg [H, Reykja-
  vík] 60
Hótel Búðir [H, Búðir]
  **85**, 127
Hótel Djúpavík [H,
  Djúpavík] **24**, 81
Hótel Framtíð [H,
  Djúpivogur] 99

Hótel Glymur [H, Hvalf-
  jörður] **24**, 78
Hotel Icelandair
  Reykjavík Marina [H,
  Reykjavík] 60
Hótel Kea [H, Akureyri]
  88
Hótel Tindastóll [H,
  Sauðárkrókur] 95
Hotel Viking [H,
  Hafnarfjörður] 68
Hotels 22
Hraunfossar 79
Humarhöfnin [R, Höfn]
  **29**, 110
Húsafell 79
Húsavík 90
Hvalasafnið á Húsavík/
  Walmuseum
  [Húsavík] 90
Hvalfjörður 78
Hveragerði 110
Hverasvæðið [Hver-
  agerði] 111

**I**ce Cave [Langjökull] **17**,
  120
Icelandair-Hotels 23
Icelandic Fish & Chips
  [R, Reykjavík] 32
Imagine Peace Tower
  [Reykjavík, Insel
  Viðey] 50
ION Luxury Adventure
  Hotel [H, Nesjavellir]
  **31**, 125
Ísafjörður 81
Islandpullover 34
Islandtief 6

**J**ökulsárgljúfur/Schlucht
  der Jökulsá 91
Jökulsárlón [MERIAN
  TopTen] 9, 15, **110**, 112
Jugendherbergen 23

## 156 | ISLAND ERFASSEN

Kaffee 27
Kaffi Duus [R, Keflavík]
68
Kaffi Nyhöfn [R, Höfn]
110
Kaffíhus Gamla Rif
[Hellissandur-Rif]
126
Kaffivagninn [R, Reykja-
vík] 62
Kaldidalur 117
Katla 109
Kaupvangur [Vopnaf-
jörður] 103
Keahotels 23
Keflavík 68, 128
Kirkjubæjarklaustur
Kirkjubær [H, Stöðvarf-
jörður] 100
Kjarvalsstaðir [Reykja-
vík] 59
Kjölur 118
Kjöt og Kunst [R,
Hveragerði] 111
Kleidung 148
Klimatabelle 150
Kobolde 44
Kosmetik 36
Krafla 94
Krankenhaus 148
Krankenversicherung
148
Kulinarisches Lexikon
144

Lækjarbrekka [R,
Reykjavík] 62
Lagarfljót 102
Lage 132
Laki-Krater 119
Lamm 27
Landmannalaugar 120
Landnámssetur/Land-
nahmezentrum
[Borgarnes] 78

Langabúð [Djúpivogur]
99
Langjökull 120
Látrabjarg [MERIAN
TopTen] 13, 82
Laugarvatn 69, 124
Laundromat Café [R,
Reykjavík] 62
Lava-Restaurant
[Grindavík] 128
Laxness, Halldór 74,
124
Leuchtturm [Akranes]
17, 77
Lindin [R, Laugarvatn]
124
Links 148
Listasafn Íslands/Natio-
nalgalerie [Reykjavík]
59
Literatur 72
Ljómalind [Borganes] 32

Marathon 40
Medizinische Versor-
gung 148
Meet the locals
[Eskifjörður] 49
Melrakkaslétta 92
Menschen mit Behin-
derung 148
Micro Bar [R, Reykjavík]
32
Minjasafn Austurlands/
Ostisländisches Hei-
matmuseum [Egils-
staðir] 101
Mode 36
Mosfellsbær 124
Musik 35
Mývatn [MERIAN
TopTen] 45, 87, 92

Námafjall [MERIAN
TopTen] 50, 94

Narfeyrarstofa [R,
Stykkishólmur] 84
Nebenkosten 149
Nonnahús [Akureyri] 87
Nordisland 86
Norska húsið/Norwe-
gisches Haus [Stykkis-
hólmur] 84
Notruf 149

Ólafshús [R, Sauðár-
krókur] 95
Omnom Chocolate
[Reykjavík] 33
Ostisland 98
Ósvör Sjóminjasafn/
Fischereistation Ósvör
[Bolungarvík] 82
Outdoor 40

Perlan [R, Reykjavík] 29,
63, 107
Politik 133
Post 149

Radfahren 41
Ráðhús Reykjavíkur
[Reykjavík] 56
Rauchen 149
Reisedokumente 149
Reiseknigge 149
Reisezeit 149
Reiten 42
Reykholt 80
Reykjanesviti 70, 128
Reykjavík [MERIAN
TopTen] 7, 55, 124, 128
Reykjavík 871 +/−2/
Landnámssýningin
[Reykjavík] 59
Reykjavík Bike Tours &
Bike Rental [Reykja-
vík] 33
Reykjavík Welcome
Card 150

Literarische Streifzüge durch die Welt –
mit beliebten Autoren die schönsten Regionen
und Metropolen entdecken.

# MERIAN
*erzählt*

Hoffmann und Campe

## 158 | ISLAND ERFASSEN

Ringstraße 151
Rokksafn Íslands
  [Reykjanesbær] **17**, 59
Room with a view [H,
  Reykjavík] 61

**S**ægreifinn [R, Reykja-
  vík] 63
Safnahús Borgarfjarðar
  [Borgarnes] 79
Safnasvæðið á Akranesi/
  Freilicht- und
  Heimatmuseum
  [Akranes] 78
Saga Museum [Reykja-
  vík] 60
Sagnheimar/Heimat-
  museum [Heimaey]
  114
Sauðárkrókur 95
Schafskopf 28
Schiff 146
Schlammtöpfe
  [Hverarönð] 50
Schwimmen 43
Seltjarnarnes 12
Séltun 128
Service 146
Seyðisfjörður **102**, 105
Sicherheit 150
Siglufjörður 96
Síldarminjasafnið/
  Heringsmuseum
  [Siglufjörður] 96
Silfra-Spalte [Þingvellir]
  49
Sjónlistamiðstöðin/
  Zentrum für bildende
  Kunst) [Akureyri]
Skaftafell 113
Skaftfell [Seyðisfjörður]
  103
Skáholt 125
Skálanes [H, Seyðis-
  fjörður] 31

Skýr 27
Snæfellsjökull **83**, 126
Snæfellsnes 77, 126
Sólfar [Reykjavík] 56
Spark Design Space
  [Reykjavík] 60
Sport und Aktivitäten 38
Sprache 133
Sprengisandur 118
Steinasafn Petru
  [Stöðvarfjörður] 100
Stöðvarfjörður 100
Strände 43
Strandir 81
Strokkur [MERIAN
  TopTen] **66**, 125
Strom 159
Sturluson, Snorri 73
Stykkishólmur **83**, 126
Südisland 108
Systrakaffi [R, Kirkjubæ-
  jarklaustur] 112

**T**ækniminjasafn
  Austurlands/Technik-
  museum Ostislands
  [Seyðisfjörður] 103
Tauchen 43
Taxi 146
Telefon 150
Tiere 151
Touren 124, 126, 128
Trinkgeld 149
Trinkwasser 151

**Ü**bernachten 22

**V**atnajökull 9, **120**
Vatnasafn/Wasser-
  bibliothek [Stykkis-
  hólmur] 84
Verkehr 151
Verwaltung 133
Vestmannaeyjar/West-
  männerinseln 113

Víðgelmir-Höhle
  [Fljótstunga] 51
Víðimýrarkirkja 96
Vík í Myrdal 114
Víkin Sjóminjasafn/
  Schifffahrtsmuseum
  [Reykjavík] 60
Vinaminni Kaffihús
  [R, Heimaey] 114
Vogafjós Guesthouse
  [H, Vogar] 93
Vopnafjörður 103

**W**alfang 134
Walsafari [MERIAN
  TopTen] 91
Wandern 43
Wasserfall Dynjandi 82
Westisland 76
Wirtschaft 133

**Z**eitschriften 152
Zeitungen 152
Zeitverschiebung 152
Zoll 152

**Þ**akgil [H, Vík í Mýrdal]
  25, 115
Þingvellir [MERIAN
  TopTen] 7, 8, **71**, 117,
  124
Þjóðminjasafn/Islän-
  disches National-
  museum [Reykjavík]
  60
Þórbergssetur [Hali í
  Suðursveit] 109
Þórsmörk 121
Thrihnukagigur-Vulkan
  50
Þrír Frakkar [R,
  Reykjavík] 63

# Impressum | 159

**Liebe Leserinnen und Leser,**

**vielen Dank, dass Sie sich für einen Titel aus unserer Reihe MERIAN *momente* entschieden haben. Wir wünschen Ihnen eine gute Reise. Wenn Sie uns nun von Ihren Lieblingstipps, besonderen Momenten und Entdeckungen berichten möchten, freuen wir uns. Oder haben Sie Wünsche, Anregungen und Korrekturen? Zögern Sie nicht, uns zu schreiben!**

**Alle Angaben in diesem Reiseführer sind gewissenhaft geprüft. Preise, Öffnungszeiten usw. können sich aber schnell ändern. Für eventuelle Fehler übernimmt der Verlag keine Haftung.**

---

© 2015 TRAVEL HOUSE MEDIA GmbH, München
MERIAN ist eine eingetragene Marke der GANSKE VERLAGSGRUPPE.

TRAVEL HOUSE MEDIA
Postfach 86 03 66
81630 München
merian-momente@travel-house-media.de
www.merian.de

Alle Rechte vorbehalten. Nachdruck, auch auszugsweise, sowie die Verbreitung durch Film, Funk, Fernsehen und Internet, durch fotomechanische Wiedergabe, Tonträger und Datenverarbeitungssysteme jeglicher Art nur mit schriftlicher Genehmigung des Verlages.

**BEI INTERESSE AN MASSGESCHNEIDERTEN MERIAN-PRODUKTEN:**
Tel. 0 89/4 50 00 99 12
veronica.reisenegger@travel-house-media.de

**BEI INTERESSE AN ANZEIGEN:**
KV Kommunalverlag GmbH & Co KG
Tel. 0 89/9 28 09 60
info@kommunal-verlag.de

1. Auflage

**VERLAGSLEITUNG**
Dr. Malva Kemnitz
**REDAKTION**
Juliane Helf
**LEKTORAT**
Waltraud Ries
**BILDREDAKTION**
Tobias Schärtl
**SCHLUSSREDAKTION**
Christina Sothmann
**HERSTELLUNG**
Bettina Häfele, Katrin Uplegger
**SATZ**
Nadine Thiel, kreativsatz, Baldham
**REIHENGESTALTUNG**
Independent Medien Design, Horst Moser, München (Innenteil), La Voilà, Marion Blomeyer & Alexandra Rusitschka, München und Leipzig (Coverkonzept)
**KARTEN**
Gecko-Publishing GmbH für MERIAN-Kartographie
**DRUCK UND BINDUNG**
Firmengruppe APPL, aprinta druck, Wemding

*Ein Unternehmen der*
GANSKE VERLAGSGRUPPE

PEFC/04-32-0928

---

**BILDNACHWEIS**
Titelbild (Islandpferde im Norden der Insel): John Warburton-Lee Photography Ltd/AWL: C. Kober
AWL Images: P. Adams 20/21, M. Falzone 6, G. Hellier 54, N. Isakova 130/131 | Corbis: Arctic-Images 58, 72, 125, Bragi Thor Josefsson/Ocean 2, A. Domanski/Reuters 143, K. Langenberger/imageBROKER 129 | ddp images: A. Gudmundsson 57, R. Harding/Patric 115 | Fosshótel Austfirdir 19u | fotolia: adfoto 19o , A. Karnholz 98, ReinhardT 17 | Frost og Funi 22 | gemeinfrei 134, 139r, 142l, 142r | Getty Images: abe/Collection: Moment Open 132, P. Gudonsson 12, B. Hatcher/Collection: National Geographic 38, D. Leffman/Collection: Dorling Kindersley 160u, M. Moos/Collection: Lonely Planet 85, Peerakit Jirachetthakun/Collection: Moment 122/123, R. Sigurdsson, Collection: age fotostock 4/5 | GlowImages: C. Handl/imageBROKER 127, imageBROKER 41 | Grillmarkaðinn 26 | Hotel Glymur 25 | Ice Cave Iceland 16 | Iceland Airwaves: 2014 A. Matukhno 44 | Icewear 37 | Inside the Volcano – 3H Travel: H. Strand 48 | INTERFOTO: R. Großkopf 86 | John Warburton-Lee Photography Ltd: C. Kober/AWL 62 | laif: CRI NANCY LORRAINE/KRAFFT/HOA-QUI 160o, M Galli 52/53, 61, 66, 116, 119, G. Haenel 29, C. Kerber 15 | mauritius images: age 76, Alamy 34, Alamy 69, Alamy 80, Alamy 90, Alamy 94, O. Krüger/imageBROKER 108, J. Warburton-Lee 42 | C. Nowak 97, 101, 121 | Omnom Chocolate 33 | Pietro/CC BY-SA 3.0 141 | Prisma: M. Zwick 111 | Schapowalow: C. Dsrr 108, O. Fantuz/SIME 70 | Shutterstock: R. Albiez 140l, J. Davis 13r, foto76 30, Galyna Andrushko 50, lapas77 140r, A. Melnik 139l, piotreknik 14, M. Topchii 13 l. | Tannitravel.is 49 | Andreas Tille/CC BY-SA 3.0/CC BY-SA 2.5/CC BY-SA 2.0/CC BY-SA 1.0 138 | Wild Wonders of Europe: M. Lundgren 51

# ISLAND GESTERN & HEUTE

1973 lag der Ort **Heimaey** (▶ S. 113) auf den Westmännerinseln unter einer grauen Ascheschicht vom Ausbruch des Vulkans Eldfell. Heute sind die bunten Dächer des Ortes ein Lichtblick. Der Vulkan im Hintergrund erinnert aber immer noch an die Tragödie, bei der über 100 Häuser von der Lava niedergewalzt wurden und die Hafeneinfahrt vom Lavafluss fast blockiert wurde. Nach der Evakuierung kehrten die Bewohner zurück und gruben die meisten Gebäude wieder aus.